アニメーション用語事典

監修・著作
一般社団法人日本動画協会 人材育成委員会

ANIMATION
TERMINOLOGY DICTIONARY

立東舎

前書き

　本書は、アニメ制作を中心とする重要用語をなるべくわかりやすい言葉で解説した用語集です。一言でアニメといってもそれが意味する範囲は幅広いものがあります。また、アニメを取り巻くメディアやビジネスも非常に盛んになっているので、関係する事項や用語は膨大なものになります。

　そんな中で本書は、アニメ制作に絞ってまとめられました。アニメの仕事に実際に従事する人や、今後働きたいと思っている人、さらにアニメが好きで興味を持っている人に対して書かれたものです。専門的な知識と同時に、本書を通じてアニメがどのように作られているのかがわかるようになっていると思います。アニメの制作には個人の才能が必要なのはもちろんですが、大切なのはチームワーク。自分の専門以外のことも理解しないと、良い作品は生まれません。本書を読むと、改めて自分の興味以外にも大切なことがたくさんあり、それらが積み重なってアニメが生まれ、世に出ていっているのだということが理解できると思います。

　技術の改革と共にあった映像の歴史を考えると、その変化は終わることがありません。アニメの世界にもデジタル化の波が押し寄せて20年程経ちますが、それによって制作工程にパラダイムシフト的な進歩がもたらされました。いまだに変化は続いており、アニメに関わる人間にとってそれに対する知識、特にデジタルに関するものは必須事項となっています。本書はアナログからデジタルへ移行しつつあるアニメ制作工程の変化をキャッチアップしてはありますが、そのスピードは加速する一方なので、常に最新の情報に対応すべく、今後も改訂を得る機会があればと望むばかりです。

CONTENTS

● アニメーションの制作工程 P004
● 用語集
　制作 P009
　作画・演出 P053
　色彩・美術 P095
　撮影 P109
　CG P121
　技術 P131
　ソフトウェア P145
　その他 P151

凡例

◎項目名について
- 項目の配列は、現代かなづかい五十音順によった。同順の場合は、清音→濁音→半濁音の順とした。
- 外来語・和製英語は原則的にカタカナ表記とした。ただしアルファベットによる表記／略記が慣例となっているものについては欧文として扱い、それらの用語は五十音順の後にABC順で配置した。
- 算用数字で始まる項目については、欧文の後に配置した。

◎説明文について
- 項目名が、複数の分野にわたり異なった意味に使われている場合、あるいは同分野でもその項目が細かくカテゴライズされている場合は、説明文を①②……のようにカテゴリーごとに分けた。
- 項目名が通称の場合や、同義語に説明を委託する場合には、→によって参照するべき項目名を示した。

アニメーションの制作工程

　現在、世界的にCGアニメーションが主流となっている中で、日本のアニメ作品は特有の「リミテッドアニメーション」という手法で作られています。「リミテッドアニメーション」は、1～2コマ打ち（1秒に24枚～12枚の作画数）を基本として滑らかに動く「フルアニメーション」に対して、3コマ（1秒に8枚の作画数）打ちを基本とする、単位時間あたりの作画枚数が少ない表現手法のことです。限られた制作環境の中でセル枚数を減らさざるを得なかったことが動きを省略・抽象化する表現手法に繋がり、現在の日本独特のアニメ作品を生み出しました。

　そうした中で、日本のアニメは制作工程においても「リミテッドアニメーション」を効率的に作り上げるために独自の進化を遂げてきました。実際に映像を制作する「プロダクション」工程では、アニメ制作全体を「制作」の管理者がまとめながら「作画する」「色をつける」「背景を描く」「複数の素材をまとめて撮影する」という分業された工程が組み上げられ、この形を基本としながら多数のアニメ作品の制作が続けられています。

　本書ではこうした経緯から、「制作」「作画・演出」「色彩・美術」「撮影」という項目区分を設け、近年のアニメ制作には欠かせない「CG」「技術」「ソフトウェア」という区分を加えることで、現在のアニメ制作の主流に沿った用語事典となりました。

　なお、次ページから4種類の年代別のアニメ制作工程を掲載していますが、現在の主流は3つ目の「作画以降をデジタル化し、さらにCGによる作業が加わった制作工程（2000年代～2010年代）」になります。しかし、アニメ制作現場では少しずつ作画のデジタル化も始まっており、今後は「作画自体をデジタル化する制作工程（2010年代前半～）」に制作工程が近づくと予想されます。こうした工程の変化に伴い、今後もアニメの用語は変わっていくと考えられます。

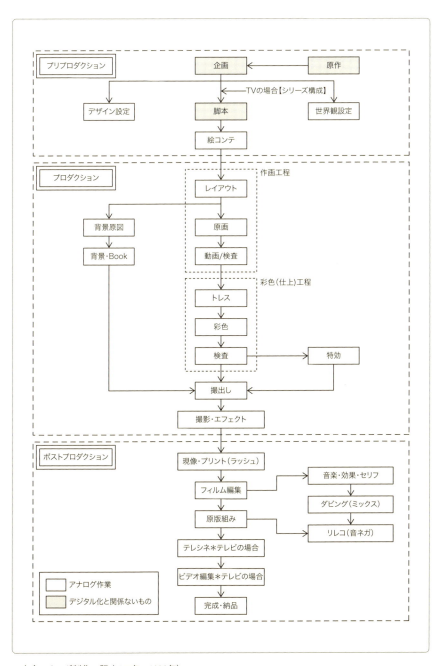

▲完全アナログ制作工程（1917年〜1996年）

アニメーション用語事典　　005

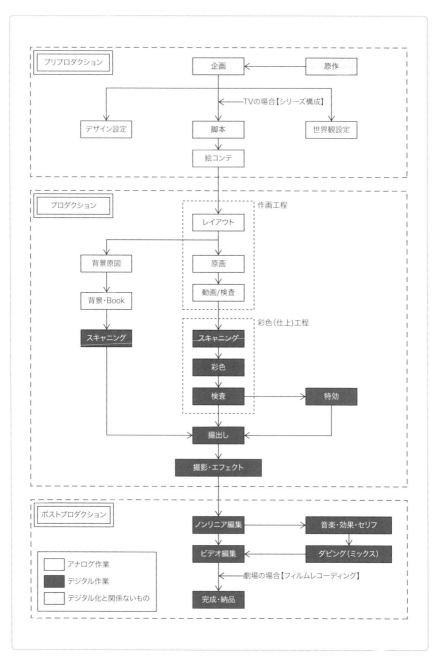

▲作画以降をデジタル化した制作工程（1997年〜2000年代）

アニメーションの制作工程

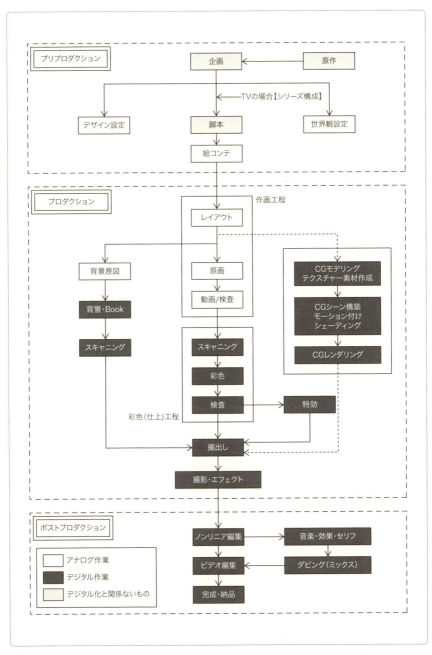

▲作画以降をデジタル化し、さらにCGによる作業が加わった制作工程（2000年代～2010年代）

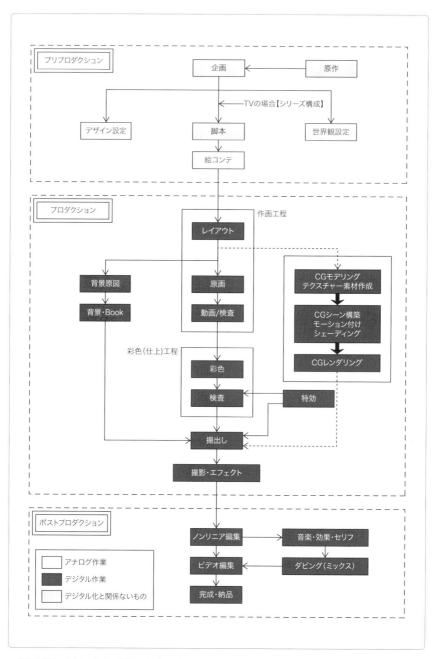

▲作画自体をデジタル化する制作工程（2010年代前半〜）

008

制作

「制作」とはアニメ作りそのものと、それを担当するスタッフを指します。作品の企画・開発から、最後の編集・納品までの幅広い工程・領域に渡るため、本書のカテゴリーにおいて一番多い用語・項目が取り上げられています。制作に関する初歩的な知識から専門的なレベルまで、またカテゴリー分けされなかった「音楽・音響」や「編集」なども含まれていますが、職制を問わず、実際にアニメ制作に参加する人間にとっては、基本的に知っておかなければならない用語や事項ばかりです。特に制作系のスタッフ（制作進行、制作デスク、プロデューサー）にとっては必修の項目と言ってよいでしょう。

あ

◆**アイキャッチ** 本編とCMの間などに挟まれる、ごく短い映像（または静止画）のこと。多くの場合、番組タイトルやメインキャラクターの絵が表示される。和製英語。

◆**アーカイブ** 本来のアーカイブは重要記録を保存・活用し、未来に伝達することを指すが、コンテンツ業界においては、デジタル化が進んだこともあり、過去に制作した作品の映像原版や素材やデータを再利用するための整理・保管を意味するようになった。同様の言葉に「バックアップ」があるが、それは不慮の事故に備えるためのもの。㊕Archive

◆**あがり** 作業し終わった状態、または作業が終了したカットのこと。

◆**アセットマネジメント** コンテンツ業界においては、制作過程で生み出された映像素材、スケジュール、コストなどのデータを管理すること。再利用のための資産として保存することも含まれる。本来は株式・債券・投資用不動産などの資産を管理することを意味する。㊕Asset Management

◆**頭出し**【あたまだし】 録音・録画メディアから再生したい部分の冒頭を探し出すこと。

◆**アップ** ㊕Up
①作業の締め切り日のこと。
②カットなどの出来上がりのこと。

◆**アテレコ** 声を「あて」る「レコ」ーディングの意味。アフレコ以前に、洋画、海外アニメなどの日本語吹き替えという意味で使われている。

◆**アドバンス** 前払いのこと。制作に先立ち制作費などを支払ってもらうことを指す。㊕Advance

◆**アニマティックス** ㊕Animatics →Vコン

◆**アニメーションシート** ㊕Animation Sheet →タイムシート

◆**アバンタイトル** テレビシリーズでメインタイトルより前に挿入される短い映像のこと。番組の内容をダイジェスト的に見せて、視聴意欲をかき立てる。アバン（Avant）はフランス語で「前」の意味。単に「アバン」とも言う。㊕Avant-Title

◆**アフ台**【あふだい】　→アフレコ台本
◆**アフダビ**　「アフレコとダビング」の略。テレビシリーズの場合、同じ日に行われることが多い。
◆**アフレコ**　映像が完成した後に、映像に合わせて声を収録する作業。「アフターレコーディング」の略で、「AR」とも表記する。アフレコ台本に沿って、演出・音響監督の指示により、声優の声を録音する。一方、映像よりも先に声や音楽などを吹き込む作業は「プレスコ／Pre-Scoring」と言う。
◆**アフレコ台本**【あふれこだいほん】　アフレコ／ダビングで使用する台本のこと。シーン／カット番号、カットの説明があり、縦書きセリフで、脚本のようなト書きもなく見やすいように配慮されている。「アフ台」「本（ほん）」と略される。
◆**アフレコ台本用絵コンテ**【あふれこだいほんようえこんて】　アフレコ台本を発注するために、絵コンテに加筆、削除したもの。短い言葉で各カットを説明できるように配慮されている。
◆**アフレコロール**　アフレコ作業のための絵素材。またはそれを収めたワークテープのこと。
◆**あまい**　不明瞭な成果物に対して、ピントが「あまい」、編集が「あまい」と使われたりする。
◆**粗編／荒編**【あらへん】　本番の編集作業の前に行われるラフな編集のこと。ストーリー順に編集し大体の流れを見る。
◆**ありもの**　すでにある素材のこと。

い

◆**色打ち**【いろうち】　「色打合せ」の略。色設定のために色彩設計・色指定・色検査などの担当が演出と打合せすること。会社によっては動画検査や美術監督も出席する。
◆**色校正**【いろこうせい】　色校正とは、主に紙媒体で色指定した部分が意図した通りに刷られているかを確認する作業、もしくはその後の印刷物を指す。「色校」と略すこともある。
◆**イン／アウト**　キャラクターなどの演技で、画面の外からキャラクターなどが入ってくる／出ていくこと。㊥In/Out

◆**インサート編集**【いんさーとへんしゅう】　映像編集方法の1つで、画面の一部に別の画面を差し込む形での編集技法。映像と音声を別々に挿入することも可能。㊧Insert Editing

◀インサート編集

◆**インポート**　ソフトやシステムが、外部のデータを自分が扱える形式に変換しながら取り込むこと。逆はエクスポート。㊧Import

う

◆**打ち上げ**【うちあげ】　1つの作品制作が終わった後、スタッフ・関係者の労をねぎらうために開く宴席のこと。なお、制作が始まる前に行われるのは「打ち入り」、制作中は「中打ち」と言う。

え

◆**液晶タブレット**【えきしょうたぶれっと】　コンピューターを操作するペンタブレットと液晶ディスプレイを統合したペンデバイス。紙に直接描くような感覚でデジタル絵を描くことができる。

◆**絵コンテ用紙**【えこんてようし】　絵コンテを描くために使われる用紙。テレビシリーズはA4サイズの紙が多いが、映画などではさらに大きいサイズが使われることもある。近年はコンテ作画ツールを使う演出家も増えつつある。

◆**エディットリスト**　オンライン編集のための編集用シートのこと。オフライ

ン編集で行ったカット尺やタイミングをタイムデータで記入したシート。㊇Edit List

◆**エピローグ**　物語の結末部分。後日談などでまとめる場合もある。㊇Epilogue

◆**演出**【えんしゅつ】
①脚本にあるストーリーや要素、内容をどのように表現するのかについて、その方向性や手法を出演者やスタッフに対し具体的に提示すること。
②演出家を指す。作品づくりにおける方向性や内容についての責任者で、ディレクターとも呼ばれる。
③→各話演出

◆**演出打ち**【えんしゅつうち】　アニメにおいて監督、各話演出、制作担当などが集まって行われる演出打合せのこと。

◆**演出助手**【えんしゅつじょしゅ】　演出を補助するスタッフ。「演助」とも。

◆**エンディング**　テレビアニメの最後に副主題歌と共に流れるアニメパート。30分テレビアニメの場合、基本尺は90秒となる。各話担当スタッフのクレジットテロップが入る。㊇Ending

お

◆**大判用紙**【おおばんようし】　作画用紙のスタンダードフレーム内に収まらないカメラワークに使う、大きいサイズの紙のこと。通常の動画用紙の縦2倍、3倍、横2倍、3倍の紙が主に使用される。最近ではA3スキャナーに入る大きさが大判作成の基準サイズ。

◆**オーサリング**　完成した映像・音楽などの素材を編集してDVDやBlu-ray Discなどの最終成果物となるソフトに仕上げること。㊇Authoring

◆**オーディション**　俳優・歌手・コメディアンの選抜を目的とした試験。声優の場合、キャスティングする際に行われる選考会。声優の音声データによる選考（テープオーディション）から、実際に収録現場に集まって行うケースもある。㊇Audition

◆**音戻し**【おともどし】　アフレコした音声、ダビングしたSE音や音楽などが入った完成音源を映像原版に戻して完成させること。「コピーバック」「MA戻し」

「セリフ戻し」とも言う。

◆**オフシーン**　画面の外で発せられる台詞や様々な音が入っているシーンのこと。㊇Off Scene

◆**オフセリフ**　画面に登場していない人物が話すセリフのこと。OFF台詞。

◆**オープニング**　テレビアニメの冒頭に主題歌と共に流れるアニメパート。30分テレビアニメの場合、基本尺は90秒となる。タイトル、メインスタッフのクレジットテロップが入る。㊇Opening

◆**オフライン編集**【おふらいんへんしゅう】　本番前の仮編集のこと。編集の前にタイムコードを入れたワークテープで行う予備的な編集で「プリ編集」「予備編集」とも言う。本番の映像素材を使わずに編集するため、時間的、経済的メリットが生まれる。㊇Off-line Editing

◆**オープン・エンド**　テレビアニメの冒頭と終わりにあるオープニングとエンディングの定型パートのこと。

◆**オリジナル**　映画やドラマ、アニメなどの映像作品をつくる際に、既存のマンガや小説、ゲームなどをもとにせず、そのために創作された物語、世界観、キャラクターなどのこと。㊇Original

◆**オールラッシュ**　ラッシュ（撮影後チェック用ムービーデータ）を編集して繋げた完成形映像素材のこと。また、この素材をプレビューすること。これを素材にして音入れ作業や最終リテイク出しを行う。㊇All Rush

◆**オンエアー**　テレビ放送を意味する。テレビで不特定多数に向けて作品を送信すること。㊇On Air

◆**音楽打ち**【おんがくうち】　楽曲制作・音響制作のために行う、音響監督との打合せ。

◆**音楽キューシート**【おんがくきゅーしーと】　番組・劇場上映作品等において進行の順序・時間・方式等が詳細に記載されているプログラム表。収録された音楽著作物やその関係権利者も書かれている。二次利用した場合（ビデオ・DVDの発売等）の著作権使用料の徴収・分配の際に必要となる。

◆**音楽メニュー表**【おんがくめにゅーひょう】　作品で使用される音楽（BGM）の一覧表。「主人公のテーマ」「戦いのテーマ」といった、何度も使用される曲やシーンごとの楽曲などの一覧表。このメニュー表に沿って、音楽家に発注が行われる。

◆**音響監督**【おんきょうかんとく】　作品における音の責任者。効果音、BGM、ア

フレコなどを管理、監督し最終的な作品音源をつくり上げる。声優のキャスティング、音楽制作会社への発注を担うことも多い。㊥Director of Audiography

◆**音響効果**【おんきょうこうか】
①セリフやBGM以外の効果音制作を担う仕事。足音や波音など自然音から、怪獣の鳴き声など存在しないものまで制作する。「音効」「効果」と呼ばれる。
②セリフやBGM以外の効果音そのものを指す。「サウンドエフェクト」「SE（Sound Effect）」「効果音」とも呼ばれる。

◆**音響制作会社**【おんきょうせいさくがいしゃ】　アフレコなども含めた音響制作専門の会社。音楽制作は行っていない。

◆**音効**【おんこう】　→音響効果

◆**オンライン編集**【おんらいんへんしゅう】　オフライン編集を目安に、本番の映像素材から最終的な完成原盤をつくる作業。㊥On-line Editing

か

◆**海外出し**【かいがいだし】　一般的に、動画や仕上などの付加価値が少ない低単価作業を海外に発注（アウトソーシング）すること。

◆**回収**【かいしゅう】　制作進行が作業済みの原画などの成果物を取りに行くこと。

◆**拡張子**【かくちょうし】　ファイルの末尾につけられた種類識別のための文字列。例：○○○.jpgであれば「jpg」の部分が拡張子。㊥File Extension

◆**各話演出**【かくわえんしゅつ】　テレビシリーズにおいて、全体の監督（総監督、シリーズ監督）とは別個に配置される各話の演出担当。

◆**各話ライター**【かくわらいたー】　テレビシリーズ各話の脚本を担当するシナリオライターのこと。

◆**ガタ／ガタる**　絵がガクッとずれたり、ガタガタして見える状態のこと。タップのズレやマシンがけ、撮影時のセルのずれなどが原因であるが、デジタルではスキャンのずれなどで起きる場合もある。

◆**合作**【がっさく】　海外と共同で製作・制作すること。かつてはアメリカなどからの下請け制作をそう呼んでいたが、最近は海外との共同出資で企画から一緒に制作する場合もある。「国際共同制作」とも言う。

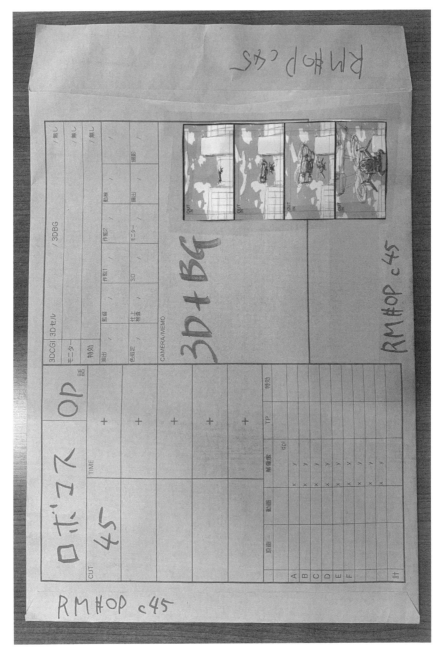
▲カット袋

◆**カッティング** テレビのフォーマットに沿った時間（定尺／ていじゃく）を合わせる編集作業。編集作業によって不要な部分を切り、入れ替える。カット順やカットポイントの位置、映像タイミングを確定、1本に繋がった「定尺」映像に仕上げること。「C.T.」と略される。㊥Cutting
◆**カット表**【かっとひょう】　→進行表
◆**カット袋**【かっとぶくろ】　カットごとの原画、動画、レイアウトを運ぶための袋のこと。作業伝票も入っており、次のセクションへの送り書きや動画枚数や秒数などが記入された作業指示書、申し送り書でもある。
◆**角合わせ**【かどあわせ】　動画の動きをタップ穴ではなく用紙の角で合わせる方法。紙のサイズが少しでも異なるとずれてしまうため注意が必要。
◆**紙タップ**【かみたっぷ】　使用済みの作画用用紙などからタップの穴が空いた部分を切り離した短冊状の紙片。レイアウト素材や作画素材などを複製する時に、これを使ってタップ穴を作成する。
◆**上手**【かみて】　演劇用語で舞台に向かって右側のこと（英語では逆）。アニメでも画面に向かって右側のこと。なお左側は下手（しもて）。㊥Stage Left
◆**ガヤ**　群集のざわついた声。街の雑踏、競技場のスタンド、休み時間の教室など大勢の人間がガヤガヤ発する音。
◆**完尺**【かんじゃく】　決められた（フォーマット通りの）映像分数（またはロール全体の長さ）のこと、あるいはその状態の映像のこと。「定尺（ていじゃく）」とも言う。
◆**監督**【かんとく】　作品制作におけるクリエイティブ上の総責任者。演出家、ディレクター。㊥Director
◆**完パケ**【かんぱけ】　「完成パッケージ」の略。主に放送用の完成作品のこと。撮影・編集された本編映像にアイキャッチ、スタッフクレジットなどが入っている。

き

◆**企画**【きかく】　作品の発端となるアイデア（内容、事業展開など）をまとめたもの。㊥Plan, Scheme, Planning
◆**企画書**【きかくしょ】　作品をつくるための企画を書面化した提案書。作品内容

だけではなくメディアや制作費、収支計画などのビジネス面も記載され、これをもとにスポンサーや製作関係者が企画を検討する。㊥Proposal

◆**輝度**【きど】　モニターやスクリーンなどの明るさ。㊥Luminance

◆**キービジュアル**　作品の代表となるイメージ画像のこと。メインビジュアルとも呼ばれる。

◆**決め込む**【きめこむ】　幾つかあるアイデアを1つに絞る判断。

◆**脚本**【きゃくほん】　文字で書かれた作品の設計図。ストーリー、演技、セリフで構成され、これをもとに絵コンテを作成する。「シナリオ」「本（ほん）」とも呼ばれる。㊥Scenario

◆**脚本家**【きゃくほんか】　演劇、映像などの脚本を担当する人間。原作がある場合とオリジナルで書く場合がある。「シナリオライター」とも言う。㊥Scenario Writer

◆**キャスティング**　作品（キャラクター）のイメージに合わせて演技者（声優）を選ぶこと。㊥Casting

◆**キャスト**　作品の出演者、声優などの演技者のこと。㊥Cast

◆**キャパ**　「キャパシティ」のこと。個人や会社を問わず能力（器量、度量）の範囲のこと。または、スタジアムやホールなどの収容人数、座席数を指す。「キャパが大きい」「キャパが小さい」という使い方をする。㊥Capacity

◆**キャラ打ち**【きゃらうち】
①キャラクター打合せの略。キャラクター（登場人物）についての打合せのこと。
②→シンク入れ（「技術」のカテゴリーを参照）

◆**キャラクター原案**【きゃらくたーげんあん】　キャラクターデザインの元となるアイデアや絵のこと。

◆**キャラクター設定**【きゃらくたーせってい】
①作品に登場するキャラクターを考えること。
②キャラクターデザインのこと。

◆**協会便**【きょうかいびん】　アニメーション業界の各社が韓国や中国などのアジア圏に原画などを持ち運ぶための定期便。海外に動画・仕上業務を発注する制作会社が集まって、各社の制作が持ち回りで原画をとりまとめて海外に運び、仕上り素材を大量に持ち帰る仕組み。海外への動画・仕上業務の発注において、データでの送付と協会便が並行して使われている。

く

◆**クライアント** ㊥Client
①仕事の発注者、依頼主。
②宣伝・広告分野における広告主、テレビ番組のスポンサー。
③コンピューターのうち、サーバーが提供するサービスを受ける側のコンピューターのこと。
◆**クール** テレビシリーズの放送単位。1クールは約3ヶ月、本数は10本〜13本。
◆**クレジット** 「クレジットタイトル」の略。映画やテレビ番組、レコード、ゲームソフトにおける、出演者（キャスト）、スタッフ、制作・製作企業、団体など関係者の役割とその名前の表示。㊥Credit
◆**グロス請け**【ぐろすうけ】 アニメーションの制作請負単位。元請け制作会社からシリーズの1話分をグロス（Gross＝総体）で請け負って制作すること。該当話の全責任を負ってポストプロダクションまで統括、完パケを納品する。
◆**グロス請け制作会社**【ぐろすうけせいさくがいしゃ】 元請け制作会社からシリーズの1話分をグロスで請け負って制作する会社のこと。

け

◆**契約書**【けいやくしょ】 契約は「申し込み」と「承諾」の意思表示の合致であり、原則として口頭でも成立し得るが、当事者同士の合意が成立したことを証明するために作成される書面を契約書と言う。重要な取引では、合意した内容の明確化および後日の証拠として残すために、当事者同士が署名もしくは記名押印した契約書が作成されるのが一般的である。㊥Contract
◆**劇伴**【げきばん】 ㊥Back Ground Music →BGM
◆**ケツカッチン** 後工程が詰まっているため、作業時間をこれ以上延ばせないという意味。
◆**決定稿**【けっていこう】 脚本やキャラクターデザインなど、推敲を経て稿を重

ねた最終的完成版。㊥Final Manuscript

◆欠番【けつばん】　1から始まる連番で欠けているカット番号のこと。㊥Missing Number

◆原案【げんあん】　もとの案。原作、翻案前の状態のもの。㊥Draft, Original Draft

◆原画【げんが】　㊥Key Frame
①レイアウトや絵コンテに沿って、動きの起点と終点、重要な中間ポイントといった動きの要所＝キーフレームを描く工程のこと。動きのタイミングや「間」も原画工程で決められてタイムシートに記入される。
②上記①で描かれた絵のこと。
③上記①の工程を作画する担当者のこと。「原画マン」とも言う。カット単位で原画工程の発注を受けることが多い。アニメーターの主要な業務。

◆原画用紙【げんがようし】　原画のための専用作画用紙。重ねて描くために、通常の動画用紙より薄く透けている。フォーマットもテレビサイズ、劇場（ビスタなど）サイズなど、様々な大きさがある。

◆原作【げんさく】　映像作品などのもとになった著作物。アニメの場合はその2/3近くが漫画原作。㊥Original, Original Work

◆原図【げんず】　→背景原図

◆原動仕【げんどうし】
①原画、動画、仕上のこと。
②制作会社間で受発注される、原画工程・動画工程・仕上（彩色）工程の作業セット。

◆原版組み【げんばんぐみ】
①映像原版フィルムと音原版フィルムを組み合わせて完成させる上映用フィルムのこと。
②映像原版を完成させること。

◆兼用カット【けんようかっと】　あるカットのために制作した動画や背景などの素材を他のカットで使用すること。

▲原画　　　　　　　　　　　　　　　　　　　　©RoboMasters

こ

◆**効果**【こうか】　→音響効果

◆**効果音**【こうかおん】　㊥Sound Effect　→音響効果

◆**効果ロール**【こうかろーる】　効果音仕込み作業のための絵素材、またはそれを収めたワークテープのこと。

◆**校正**【こうせい】　発表前の新聞や雑誌、単行本などの紙媒体や配信などのWEB系メディアなどで、事前に文章や情報などに間違いがないかチェックすること。「文字校正」の略で、「文字校」とも言う。㊥Proof Reading

◆**構成**【こうせい】　㊥Construction

①物語を展開させるための要素を組み立てること。物語の設定、各人物の関係、伏線の配置などを組み立てることで物語を展開させる。

②→シリーズ構成

▲合成　　　　　　　　　　　　　　　　©RoboMasters

◆**合成**【こうせい】　作画において、動く部分と別紙で作成した動かない部分を仕上作業でトレスする段階で合成させ、セルの「親」と「子」を重ね合わせて1枚の動画にまとめる手法。通常動かない部分を「親」、動く部分を「子」と呼ぶ。

◆**合成親と子**【ごうせいおやとこ】　→合成

◆**合成伝票**【ごうせいでんぴょう】　合成において、仕上に「親」と「子」の組み合わせを知らせるための伝票。

◆**香盤表**【こうばんひょう】　アニメ制作業務に必要な各種の情報を、シーンごと・カットごとなどで整理した一覧表の総称。場所・時間、登場するキャラクター・メカ・3DCG、小物・美術設定などがひと目でわかるように作られている。本来は、演劇や落語といった実演での出演順番表、歌舞伎の役者の配役表、ドラマや映画撮影のためのスケジュール表を指す。

◆**コピー原版**【こぴーげんばん】　絵コンテや、キャラクター・美術設定などの大元の原版から、コピーを何度も取る場合、原版が傷つく恐れがあり、それを避けるための原版のコピー（コピー用のコピー原版）。

◆**コピーバック**　→音戻し

◆**こぼす**

▲合成伝票

①当初予定されていたセリフを延ばすこと。
②セリフが次のカットまではみ出すこと。
◆**コンセプト** 企画や作品の概念のこと。作品意図やテーマ、着想のこと。㈱Concept
◆**コンテ打ち**【こんてうち】 「コンテ打合せ」の略。絵コンテを発注する際の打合せのこと。絵コンテを描く監督、制作担当者などが集まって会議をするが、演出以外の人間が担当する場合もある。
◆**コンテ出し**【こんてだし】 絵コンテを発注すること。

さ

◆**サウンドエフェクト** ㈱Sound Effect →音響効果
◆**作業伝票**【さぎょうでんぴょう】 制作会社が外部に作業を発注するときに発行する伝票。主に動画・仕上・背景・CG・撮影などの専門会社への作業発注時に発行されるが、個人のクリエイターへの作業発注時にも発行されることがある。発注書。発注伝票。
◆**作打ち**【さくうち】 「作画打合せ」の略。監督または担当演出が原画担当者にカット内容を説明する非常に重要な打合せ。演出、作監、原画、担当制作が出席。作品によっては動画チェックと動画も出席。

◆**作画監督**【さくがかんとく】 作画の総責任者。作品、担当話数での作画のチーフ。作監と略される。キャラクターに統一感を与えるために原画に修正を入れ、動きや絵のクオリティを 水準まで引き上げる役職。「総作画監督」「レイアウト作監」「メカ作監」などが存在するが、固定された職種ではなく、作品ごとにアニメーターが得意分野を担当するケースが多い。㊤Animation Director, Supervise

◆**作画机**【さくがづくえ】 天板部分にガラスがはめ込まれ、その下からのライトアップ機能がある専用机。「動画机」「トレス台」「ライトテーブル」「透写台」とも言う。㊤Drawing Desk

◆**撮入れ**【さついれ】 アニメ制作の撮影部門にカットのデータ(レイアウト画像、タイムシート画像、仕上データ、背景データ)を揃えて入れること。

◆**撮打ち**【さつうち】 「撮影打合せ」の略。撮影監督と演出または監督による撮影方法についての打合せ。

◆**撮影**【さつえい】 ㊤Shooting
①コンピューター上で、仕上後のセルデータ、3DCG、背景などの各種素材を合成して完成画像データを作る工程のこと。素材間の色調や解像度の違いを調整し、1枚の画に仕上げる。この段階でカメラワークを設定したり、エフェクトを追加することも多い。実写映像ではコンポジットと呼ばれる工程だが、アニメではアナログ時代に背景にセル素材を重ねてフィルムに写す工程を撮影と呼んでおり、デジタル化された現在もこの名残で撮影と呼ばれている。
②撮影を行う会社、部門、またはその担当者のこと。

◆**撮影監督**【さつえいかんとく】 アニメ制作の撮影部門の総責任者。㊤Director of Photography

◆**撮出し**【さつだし】 アナログ時代の用語で、撮影前にすべての素材を並べて確認する演出担当者の作業のこと。デジタル時代になって「撮入れ」という作業となった。

◆**サブタイトル** 副題のこと。シリーズの場合、話数ごとに設定される。㊤Subtitle

◆**サムネイル** 画像や印刷物ページなどを表示する際に視認性を高めるために縮小させた見本のこと。㊤Thumbnail

◆**残響**【ざんきょう】 音の発生が終わっても響きが残ること。㊤Reverb

し

◆**仕込み**【しこみ】　音響作業の1つ。ワークテープの映像タイミングに沿って、様々な音素材を音声トラック上の適切な位置に配置、さらに音響エフェクトを掛けるなどの作業のこと。仕込み終了後、音素材はダビングによって1つにまとめられる。

◆**シート**　→タイムシート

◆**シナリオ**　→脚本

◆**シナリオ会議**【しなりおかいぎ】　脚本家を始め、監督やプロデューサーなどの主要スタッフが集まって行われる脚本会議。

◆**シナリオライター**　→脚本家

◆**シネスコサイズ**　シネマスコープの略称からシネスコサイズと呼ばれる。正式にはスコープサイズ。横縦比が2.35：1の画面サイズのことだが、ビスタビジョンより横長の画面の総称とされることが多い。㊙Cinema Scope Size

◆**シノプシス**　物語（映画やドラマ）の短いあら筋のこと。㊙Synopsis

◆**下手**【しもて】　画面（舞台）に向かって左側のこと。なお右側は上手（かみて）。㊙Stage Right

◆**尺**【しゃく】　「映像時間の長さ」と同義語。「尺はどのくらい？」などの使い方をする。フィルムの単位（フィート／呎）で時間の長さを表現していた名残りとして使われている。

◆**尺足らず**【しゃくたらず】　作品やカットが予定していた長さに足りていないこと。

◆**集計表**【しゅうけいひょう】　→進行表

◆**収支計画**【しゅうしけいかく】　作品の支出と収入の計画。作品を企画するときに必ず必要とされる。作品をつくるために必要な支出（制作費など）と、作品が生み出す売上（上映、放送、ビデオ、配信、海外販売など）からの収入のバランスが取れそうなのかを算出する。

◆**修正集**【しゅうせいしゅう】　原画の修正カットをまとめたもの。キャラクターが初期設定と変わってくると、最新版が原画に配られる。

◆**修正用紙**【しゅうせいようし】　作画監督が原画を修正するための用紙。原画の上

に重ねて修正する薄い用紙で、役職によって黄色やピンクなどの色分けがされている。

◆準備稿【じゅんびこう】　決定稿となる前段階の原稿。出資者や原作者、監督などの最終確認に時間が掛かると想定される場合に作成する。

◆初号【しょごう】　映画が完成して最初に行う試写。もしくはそのフィルムプリントのこと。

◆ショット　映像場面の最小単位。日本ではアニメ業界を中心に、「カット」と呼ばれる。なお、ショットが複数集まり、ある状況を描写した映像はシーンで、さらに、シーンが複数集まって1つの物語として成立する映像がシークエンスである。㊇Shot

◆尻合わせ【しりあわせ】　映像の最後に合わせて音声を終わらせること。最後から計算してスタートを決める。

◆シリーズ構成【しりーずこうせい】　テレビアニメにおいて脚本家が担う職種の1つ。作品によって役割に幅があるが、作品全体での脚本の調整、話数ごとのストーリー配置の決定などを担うことが多い。

◆白箱【しろばこ】　完成映像サンプルのこと。ビデオの時代になってサンプル映像をテープにコピーして関係者に配っていたが、それが白い箱に入っていた市販VHSテープであったため「白箱」と呼ばれるようになった。現在はDVD-Rが主流。通常タイムコードが入ったままである（キャラ入り）。

◆進行【しんこう】　→制作進行

◆進行表【しんこうひょう】　作品、各話数の作業進行状況をまとめた表。主に会社のテンプレートを使い、制作担当がExcelで作成する。担当カット数やその進行状況などが一覧できる。「集計表」「カット表」とも言う。

す

◆スキャン　動画や原画をデジタルデータ化するために読み込むこと。㊇Scan

◆スキャン解像度【すきゃんかいぞうど】　作画された動画用紙をスキャンしてデジタルデータ化する際の、読み取り解像度のこと。会社や作品により様々であるが、多くの場合、解像度は144dpiである。

▲進行表

◆スケジュール表【すけじゅーるひょう】　制作担当が作成する各工程の進行状況一覧表。進行表と併せ制作管理のために必須なものである。

◆スタジオ　撮影所、制作所のこと。規模が大きいアニメ制作会社は複数のスタジオを持ち、スタジオごとに作品制作のラインがある。㊥Studio

◆スチール　アニメのシーンを抜粋した宣伝映像素材のこと。「場面写」とも言う。

◆ストーリー　物語、お話のこと。起承転結等の構成に沿った、物語の要点を書き出したものは「プロット」と言う。㊥Story

◆ストーリーボード　欧米のプリプロダクション作業で広く使われる、映像の構成を検討するために、ストーリーに沿って並べた各シーンの絵のこと。1930年代にディズニースタジオで考案された。場所、登場人物、演技、カメラアングル、雰囲気などが絵と文字で説明されている。日本の「絵コンテ」に近い内容。㊥Storyboard

◆ストレージ　ソフトウェアのインストールやデータを保存するための補助記憶装置。HDD（ハードディスクドライブ）やSSD（ソリッドステートドライブ）が用いられる。SSDはHDDに比べて高価であるが、衝撃に強く、静

かで省電力、高速にデータの受け渡しができるなどのメリットがある。㊥Storage

せ

◆**制作**【せいさく】
①作品を実際につくること。クリエイトすること。
②またクリエイターや制作部門の呼称。
③→制作進行

◆**制作会社**【せいさくがいしゃ】　製作会社からの依頼を受けて実際にアニメーション作品をつくる会社のこと。作品に出資すれば制作と製作の両方のクレジットが得られる。

◆**製作会社**【せいさくがいしゃ】　作品をプロデュースし著作権を保有する会社。実際にプロデュースだけを行っている会社は少なく、作品制作も行うアニメスタジオ、その他テレビ局、ビデオ会社、広告代理店、映画会社、ゲーム会社などが兼業するケースがほとんどである。

◆**制作事務**【せいさくじむ】　作品製作・制作に関する事務（経理・総務・人事・労務）の仕事、または担当者。

◆**制作進行**【せいさくしんこう】　作品制作が円滑に進むように、クオリティとのバランスを鑑みながらスケジュールやスタッフ管理・調整をする業務。外部アニメーターの原画回収なども行う。単に「制作」や「進行」とも呼ばれる。アニメスタジオに入社する制作進行の進路はアニメーションプロデューサー、演出家、脚本家などがある。㊥Production Assistant

◆**制作デスク**【せいさくですく】　制作進行のチーフ。各話制作進行の報告を受け、全話数のスケジュールを調整する役職。「制作進行」を統括し、プロデューサーをサポートする。㊥Production Manager

◆**制作費**【せいさくひ】　アニメ作品の制作費。開発費（資料費、ロケハン費など）、原作費、プロデュース費（プロデューサー、制作デスク、制作進行、設定制作）、演出費（総監督、演出、助監督）、脚本費（シリーズ構成、脚本）、プリプロ費（絵コンテ、キャラクターデザイン、メカ・小道具）、作画費（作画監督、原画、動画、動画検査）、背景美術費、色彩（色彩設計、ペイント、色彩検査）、特殊

効果費、材料費（作画用紙、修正用紙、レイアウト用紙、カット袋、タイムシート）、オープニング・エンディング制作費、撮影費、編集費、音響制作費（アフレコ、SE、整音等一切）、音楽制作費（制作費に含まれない場合も多い）、予備費、雑費（交通費、通信費、会議費、消耗品、印刷費、コピー代、光熱費、車両費、ガソリン代、地代家賃、駐車場費、食費など）などが項目として挙げられる。㊊Production Budget

◆**声優**【せいゆう】　映像作品、音声作品に声の出演をする役者、職業。海外では音声の仕事は俳優の領域となっており、日本の声優は世界的に見ても特殊な職域となっている。

◆**声優プロダクション**【せいゆうぷろだくしょん】　声優をマネージメントするプロダクション。最近ではアニメーションの製作にも関わる会社が増加している。

◆**設定**【せってい】
①作品の世界観のこと。
②制作の指針となるキャラクターや美術から小物に至るまでの設定のこと。
③→設定制作

◆**設定書**【せっていしょ】　制作の指針となる各種設定を落とし込んだ書類。設定資料。

◆**設定進行**【せっていしんこう】　→設定制作

◆**設定制作**【せっていせいさく】　作品で必要とされる要素を抽出し、その資料を調査、作成・管理し、担当スタッフに配布する業務。またはその業務に特化した制作担当者のこと。「設定進行」「設定」とも呼ばれる。

◆**セリフ**　演劇や映画、ドラマなどの登場人物が発する言葉。「台詞」「科白」とも書く。アニメでは脚本に書かれたキャラクターが発する言葉。

◆**セリフ戻し**【せりふもどし】　音響会社にアフレコされた音声データを制作会社に戻すこと。「音戻し」と呼ばれることもあるが、音響原版すべてを戻すことを指す「音戻し」とは違って、「セリフ戻し」は音声データを戻すことのみを指す言葉。

◆**セル**　画面の中で動きがついているものなど、1つのカットを複数枚の動画で構成するときの1層1層およびその構成素材を指す。タイムシート上ではAセル、Bセルというように層ごとに動きを記載する。トレス済みの動画や仕上後のデータについても、合成されるまではセルと呼ばれる。
もともとアニメ製作ではポリアセテート製の「セル」と呼ばれる透明シートに、

線画、色塗り、背景などを描き分け、重ね合わせることで1枚の絵とする手法をとっていたことに由来する。㊥Cel

◆**セルアニメーション** ポリアセテート製の「セル」と呼ばれる透明シートに、線画、色塗り、背景などを描き分け、重ね合わせることで1枚の絵とする手法のこと。1914年にカナダ人のラウル・バーレがこの手法によるアニメーション制作を発明した。初期はセルロイドが使用され、その後、ポリアセテート製に移行したが、そのままセルの名前が残った。現在はこの手法でのアニメ制作は行われていないが、この「セル画」の考え方がペイントソフトに応用されてレイヤー機能が生まれた。

◆**セルアニメーション制作ソフト**【せるあにめーしょんせいさくそふと】 2Dデジタルアニメーション制作のための商業用専用ソフトのこと。多くはスキャン・仕上・撮影など制作工程の分業を前提とした複数のソフト群から構成されている。日本のアニメーション業界では、仕上工程はRETAS!PROが、撮影工程はAfter Effectsが独占状態となっている。作画工程については複数のソフトの導入が始まっているが、業界標準のソフトは決定していない。

◆**セル合成**【せるごうせい】　→合成

◆**セルばれ** 作画に問題があったり、ムリなカメラワークを行うことで、セルのフレームが足りないことが露見する（バレてしまう）こと。通常見えるはずのない画像素材の末端部が完成画面上で見えてしまうことを指す。アナログアニメーションでは、セルの大きさが足らずに、セルの端近くの未彩色部分や、セルの端が完成画面上で見えてしまうことがあったのに由来する。「フレームばれ」とも言う。

◀セルばれ

◆**ゼロ号**【ぜろごう】　初号の前の最終チェックのための試写フィルム、またはその試写のこと。
◆**選曲**【せんきょく】　映像本編のシーンに合わせた音楽を選ぶこと。
◆**先行カット**【せんこうかっと】　宣伝や予告用に、本編に先行して作画作業を行うカット。作品のキーとなるところが選ばれる。
◆**専門スタジオ**【せんもんすたじお】　アニメ制作で、背景美術、仕上、撮影など専門の工程のみの仕事を手掛ける会社のこと。

そ

◆**外回り**【そとまわり】　制作進行が出来上がった制作素材（原画など）を在宅スタッフや外部スタジオに回収に行くこと。昼夜を問わず行われるが、最近では宅配業者に代行させるようなケースもある。

た

◆**ダイアローグ**　対話、劇や小説中の人物の言葉のやりとり。逆はモノローグ。㊥Dialogue
◆**タイトル**　題、題名、標題。㊥Title
◆**タイムコード**　業務用VTRでの、ビデオテープの位置を表す情報のこと。「時／分／秒／フレーム」の単位で表示される。㊥Timecode
◆**タイムシート**　1つのカットの持つ情報をすべて書き込んだシート。「アニメーションシート」「シート」とも呼ばれ、海外では「Xシート」と呼ばれる。動きのタイミングをコマ数で示す表で、フィルム用の秒24コマ、ビデオ用の秒30コマの2つのシート形式がある。それぞれ3秒用シートと6秒用シートで、その秒数に応じたタイミングがつけられるようになっている。タイムシートはカットの「時間の設計図」であり、原画より後の工程への作業指示書になる。作画スタッフに原画のタイミング、撮影スタッフには動画撮影のタイミング、エフェクト処理や仕上への申し送りなど、すべての情報がこの紙に集約される。［次ページの写真を参照］㊥Time Sheet

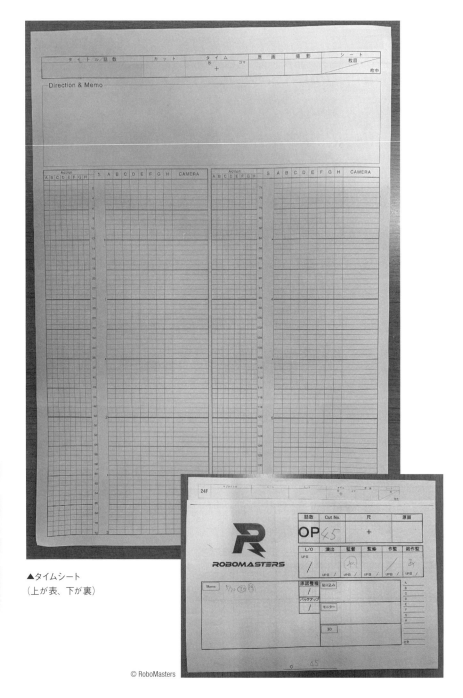

▲タイムシート
（上が表、下が裏）

◆**ダビング**　アニメ制作では、完成した映像にセリフ、効果音、音楽などの多数の音響素材をバランスを調整し、貼り付ける作業。「DB」と表記される。また、同じ意味を指す言葉が多く、「ミックス」「ミックスダウン」「トラックダウン（T.D.）」「MA」と言われ、海外では「Dubbing」「Re-Recording」と言われる。

◆**段を上げる**【だんをあげる】　ノーマル色と比べて明るくすること。段を下げることは影（カゲ）をつけることになる。

ち

◆**チェックバック**　修正指示を出すこと全般を指す。
◆**チェックV／チェックビデオ**　映像チェック用に関係者へ回すDVDや動画ファイル。

て

◆**ティザービジュアル**　キービジュアルに先行して宣伝のために公開されるイメージ画像のこと。キービジュアルに比べると情報が少ないながらも、ターゲットの興味を引くことが目的となっている。
◆**定尺**【ていじゃく】
①確定した映像サイズのこと。
②カット順・カット位置・絵の動くタイミングなど、時間軸上の情報がすべて確定した状態のこと。
③→完尺
◆**ディスクレコーダー**　㊥Disk Recorder →ハードディスクレコーダー
◆**ディスクレコーダーシステム**　→ハードディスクレコーダー
◆**ディレクター**　→演出
◆**デザイン設定**【でざいんせってい】　作品に登場する人物や物、背景などのデザインや用途を設定すること。
◆**デジタルディスクレコーダー**　㊥Digital Disk Recorder →ハードディスク

レコーダー
◆**テッペン** 深夜の12時を指す。

と

◆**動画**【どうが】
①原画と原画の間を埋める中割り（In-Between）作業。
②上記①で描かれた絵のこと。
③上記①の作業担当者。「動画マン」とも言う。
④映画やビデオのように動く映像のこと。
⑤アニメーションの日本語訳。
◆**動画検査**【どうがけんさ】 作業が完了した動画に不備がないかを検査すること。またその担当者。「動検」と略すことが多い。「動画チェック」とも言う。
◆**動画チェック**【どうがちぇっく】 →動画検査
◆**動画机**【どうがづくえ】 →作画机
◆**動画用紙**【どうがようし】 タップで固定するために3つの穴がある作画用紙。原画用紙と違い、仕上や撮影にも回るので動画用紙は丈夫で厚手。鉛筆の線がザラつかないように、表面は比較的滑らかな紙質であるが、ザラつきを求めて裏面に原画を描く場合もある。
◆**動検**【どうけん】 →動画検査
◆**動仕**【どうし】 動画と仕上のこと。アニメ業界的には両方の仕事をセットで依頼する際に使う略語。通常、元請け会社は、下請け会社より動画上がりを一度戻してもらい、動画検査、色指定を行い、再び仕上作業を依頼するが、動仕セットの場合はチェックなど工程の一切を含めて依頼するため、原画を送ると仕上済みのデータが戻ってくる。
◆**同録**【どうろく】 「同時録音」の略。個別ではなく、同時に音声を録音すること。
㊥Synchronized Sound Recording
◆**ト書き**【とがき】 脚本のセリフとセリフの間に書かれている、状況や登場人物の動作、出入り、照明、音楽効果を説明・指示する文章。元は歌舞伎用語。
㊥Stage Directions
◆**とぶ** 映像からコマや音が抜けたりすること。何らかの原因でデータがなく

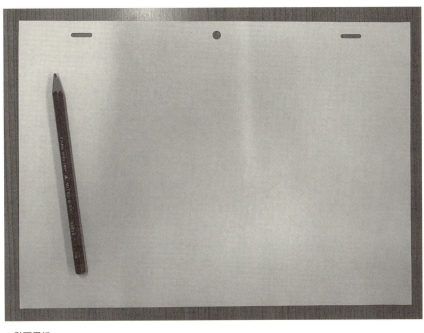

▲動画用紙

◀ト書き

なってしまったときにも使う言葉。
◆**トラックダウン**　㊥Track Down →ダビング
◆**ドラマ**　劇や戯曲、またその構成。作品の中のストーリー展開。㊥Drama
◆**トリミング**　写真やビデオの画面の一部を切り抜いて使用すること。ビデオ編集では、必要なカットサイズに編集することを指す。㊥Trimming
◆**トンボ**　印刷用語で、版下の裁断などの位置を示すために四隅などにつける目印のこと。多色刷りの位置合わせにも使用される。A3に収まりきらない大きさの絵を何枚かに分割してスキャンする際に、後で組み合わせる目安となる。㊥Register Mark

な

◆**ナレーション**　作品の状況や省略されたストーリーなどを説明する陰の声のこと。セリフやモノローグとは異なる。㊥Narration

の

◆**ノイズ**　収録の際に入る雑音や、デジタルデータをコピーする際に入ってしまうエラー信号のこと。㊥Noise
◆**ノンリニア編集**【のんりにあへんしゅう】　コンピューター上のソフトウェアで映像・音声の編集を行うこと。㊥Non-linear Editing

は

◆**背景打ち**【はいけいうち】　「背景打合せ」の略。背景についての打合せのこと。日常生活が舞台のアニメの場合には、事前に舞台となる場所の写真などを参考にすることも多い。「美術打ち」とも言う。
◆**背景原図**【はいけいげんず】　背景美術素材を作るための下絵。資料やロケハンを参考に描かれた背景の線画が、レイアウトバック作業を経て「背景原図」とし

▲背景原図

て美術設定書にまとめられ、美術スタッフに回覧される。キャラクターの位置関係や組み線も指示されている。なお、単に「原図」と言った場合には背景原図を指す。

◆**媒体**【ばいたい】　→メディア

◆**媒体費**【ばいたいひ】　広告費のこと。放送するための媒体コスト。媒体の広告スペースや時間の価格のこと。「広告料金」「掲載料金」とも言う。アニメを放送する上で必ず必要となるコスト。ただし、放送局が作品を購入してくれた場合は必要ない。㉂Rate, Advertising Cost

◆**パイプライン**　主に3DCG大規模プロジェクトにおいて、制作の効率化を図るための仕組み。モデリングやアニメーション、ライティングといった制作の段階ごとのデータの受け渡し方法やバージョン管理のためのディレクトリ構造を決めること。データ受け渡しに人為的なミスを発生させないための制作・管理システム。㉂Pipeline

◆**パイロットフィルム**　本編制作の前に制作する短編映像。出資者や配給会社、放送局の同意を得るため、またクリエイティブレベルの確認のために制作される。

◆**パカパカ**　映像手法では背景色を点滅させて表現する技法。背景色の点滅が人体に悪影響を及ぼすケースがあるため、「アニメーション等の映像手法に関するガイドライン」で規制内容が定められており、ハーディングチェックを行う必要がある。

◆**ハコ書き**【はこがき】　脚本などを書く際に、おおまかなストーリーをシーンごとに区切り、それぞれ簡単な内容を書いたもの。大バコ、中バコ、小バコとなるに従って、物語の構成が細かくなっていく。

◆**発注書**【はっちゅうしょ】　→作業伝票

◆**ハーディングチェック**　「Harding FPA (HFPA)」を用いて「光過敏性発作」の可能性がある動画のチェックを行うこと。「パカパカチェック」と呼ばれる。

◆**パート**　→Aパート／Bパート

◆**ハードディスクレコーダー**　ビデオ映像、音声を記録するための大容量装置。㉂Hard Disk Recorder

◆**ババラッシュ**　→ラッシュチェック

◆**番宣**【ばんせん】　「番組宣伝」の略。映画やテレビ番組を事前に告知、宣伝すること。ポスターやチラシ、場面写真、事前告知映像を配布するほか、メインキャストの番組出演などがある。最近はインターネット上での宣伝比重が大きくなっている。㉂Program Publicity

ひ

◆**美監**【びかん】　→美術監督

◆**引き上げ**【ひきあげ】　アニメーターに発注していた原画作業を引き上げること。

◆**美術打ち**【びじゅつうち】　→背景打ち

◆**美術監督**【びじゅつかんとく】　背景美術の責任者。㉂Art Director

◆**ビスタサイズ**　縦横 1.85：1の画面比のこと。日本のシネコンのスクリーンが採用しているサイズ。パラマウント映画社が開発した「ビスタビジョンサイズ」の略。㉂Vista Vision Size

◆**ビデオ編集**【びでおへんしゅう】　→V編

ふ

◆**フィルム編集**【ふぃるむへんしゅう】　→リニア編集

◆**フォーマット**　構成、方式、形式の意味で、番組フォーマットを指すことが多い。アニメ放送作品の本編に加えて、CM、オープニング・エンディングを加えた全体の時間構成や様式を指す。また、データ受け渡し時にPC上のファイルフォーマット（コンピューターで扱う文書、画像、動画などさまざまなメディアのファイル規格、形式）の意味で使われることも多い。㊥Format

◆**フォーマット表**【ふぉーまっとひょう】　テレビ放送番組の構成・様式を時間に沿って表にしたもの。

◆**フォーマット編集**【ふぉーまっとへんしゅう】　放送局が指定するフォーマット（映像・音声の構成・形式や分数、黒味やテスト信号など）に合わせて、納品番組を編集すること。

◆**ブラッシュアップ**　ある程度出来上がっている制作物や素材に磨きをかけて、もう一段優れたものにすること。

◆**ブリッジ**
①音楽用語で、楽曲のAメロ（Bメロ）とサビを繋げる部分。またはBメロのこと。
②映画やドラマ、舞台演劇などで流れる音楽（劇伴）の中で、場面転換時などに使用される短い楽曲。

◆**プリプロ**　→プリプロダクション

◆**プリプロダクション**　映像制作（プロダクション／作画作業）に入る前の準備作業全般を指し「プリプロ」と略される。映像制作を始めるために必要なビジネス上の手続きを含めた各種の検討・準備作業のことで、以下のような作業が含まれる。前後の文脈によってはそのうちの一部分を指すこともある。
a. 制作準備。企画書・脚本・デザイン・設定・絵コンテなど。
b. 予算の確保、スポンサー、出資、製作委員会参加企業への打診と決定。
c. キャストや制作スタジオ、スタッフへの打診と決定。
d. スケジュールや制作フローの検討。
e. 制作の技術的課題や機材調達などの検討。

f. 放映、配給、販売などの手段の検討。

さらに、本番の制作作業の事前準備として必要な、絵コンテ、ボード、立体モデル、テストカット、モデリング、設定、デザイン、パイロットフィルムなど各種の書類・素材・参考物などの作成やテスト作業が含まれる。㊤Pre-Production

◆**プリ編集** ㊤Pre-Editing →オフライン編集

◆**フルアニメーション** ディズニーのクラシックアニメーション作品に見られるような1秒で12枚〜24枚の動画を使用する手法、あるいはそれで制作された作品のこと。対義語はリミテッドアニメーション。㊤Full Animation

◆**フルCGアニメーション** すべてCG映像でつくられたアニメーション。2DCGも含まれる。

◆**フル3DCGアニメーション** すべて3DCG映像でつくられたCGアニメーション。

◆**ブレス** 息継ぎの意味。アフレコ時に使われる。

◆**プレスコ** 「プレスコアリング／Pre-Scoring」の略。作画に先立ち音声や歌、音楽を収録すること。収録された唇の動きなどに合わせて作画される。ディズニーのクラシックアニメーションなどに見られる伝統的手法で、海外では一般的である。

◆**プレビジュアライゼーション** ㊤Pre-Visualization →Vコン

◆**プレビズ** →Vコン

◆**フレームばれ** →セルばれ

◆**プロダクション**
①映像を創作する作業。制作。「製作」とは意味が違うので注意。「プリプロダクション」「メインプロダクション」「ポストプロダクション」の総称。㊤Main Production
②前項の「メインプロダクション」で、実写では撮影、アニメでは作画作業中心の映像完パケ作業のこと。
③映像やその関連の制作業務を行う会社。
④タレントプロダクション。

◆**プロット** あら筋に近いが、物語の結末まで書かれているものがプロットである。ストーリー構成にキャラクターの感情等を書きこんだプロットを作成し、それにしたがって脚本が書かれる。ストーリーの設計図とも呼ばれる。㊤Plot

◆**プロップ** 作品中に登場する小道具。キャラクターが持つ携帯、武器、室内に置かれた本や花瓶などが該当する。㊥Prop

◆**プロデューサー** 製作者。監督がクリエイティブの総責任者であるならば、プロデューサーは作品全体の総責任者。企画から、制作・完成・納品、そしてその後の作品運用から販売、回収、収益分配までをコントロールする役割。制作が始まると、諸工程の把握、制作スケジュールと資金の管理も行うが、基本的に演出行為は監督に一任し、外部との交渉や制作の方向性の調整などに力を注ぐ。また、仕事自体を創造するのもプロデューサーの重要な役割となる。「制作」に特化するのはラインプロデューサーと呼ばれる。㊥Producer

◆**プロローグ** 序章、序幕。文章や物語の導入部のこと。映画やドラマでは本編前に入る映像のこと。㊥Prologue

◆**文芸**【ぶんげい】
①文学と芸術のこと。映画やドラマ、演劇ではシナリオなどの言語に関わる作

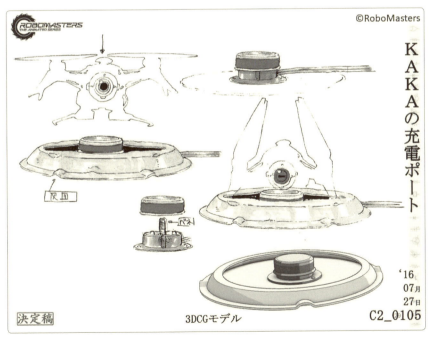

▲プロップ

業。
② 「文芸担当」の略。作品のアイデアやシナリオ執筆、さらにライターの選定などのプロデュースを行うスタッフ。

へ

◆**ベクター**　図形や方向などを数値化し、データ化する方法の1つ。デジタルアニメーションでは、作画された線画をベクター化すると、拡大縮小しても滑らかな状態で表示される。㊥Vector

◆**ベクタライズ**　ビットマップ形式の画像データをベクター形式に変換すること。㊥Vectorize

◆**ペラ**　シナリオ用の200字詰原稿用紙。30分テレビアニメ1話分は60〜70枚程度が目処。

◆**編集**【へんしゅう】　㊥Editing
①映像においては、上がってきたカットを選んで、絵コンテ順に繋ぎ直し、作品意図が観客にきちんと伝わるようにすること。その上で「フォーマット」で決められた秒数にピッタリ納めなければならない重要な作業。その編集担当スタッフのことを、単に「編集」と呼ぶこともある。
②書物（書籍や雑誌）、文章、映画、ラジオ・テレビ番組、動画などの素材を、取捨選択、構成、配置して、1つの作品にまとめること。

ほ

◆**棒繋ぎ**【ぼうつなぎ】　ラッシュのムービーを編集することなく、絵コンテ通りに繋げたもの。

◆**ポストプロダクション**　プロダクションの後（ポスト）作業のこと。「ポスプロ」とも略す。「プリプロダクション」「プロダクション」を経て、最後が「ポストプロダクション」で、画像を編集し、音を整理し、音楽を付け、パッケージ化する作業。あるいはそれを行う会社のこと。㊥Post-Production

◆**ポスプロ**　→ポストプロダクション

▲ベクター

◆**ボード** 「美術ボード」や「イメージボード」の略。
◆**本**【ほん】
①→脚本
②→アフレコ台本
◆**翻案**【ほんあん】 本来の意味は原作を土台として、別の内容の作品に書き改めること。現在では漫画や小説を映画・ドラマ・アニメ化、ゲーム化することも含まれる。英Adaptation

ま

◆**孫受け**【まごうけ】 下請けから仕事を請け負う会社のこと。
◆**マスターテープ** コピーやプレスの大本となる完成原盤が収録されているテープのこと。英Master Tape

◆**マスタリング**　コピーやプレス用のマスターテープ（完成原盤）を作成する作業のこと。㊤Mastering

み

◆**ミキサー**　複数の音をミックスしてバランスを調整し、アンプやスピーカーに送る機械のこと。または、それを操作する技術者。
◆**ミキシングコンソール**　レコーディングやコンサートのために複数の音をミックスし調整する音響機器。アニメーションでは、演出意図に合わせてセリフや音楽、効果音をミックスして調整し、ダビングするのに使われる。「ミキサー」や「調整卓」とも呼ばれる。㊤Mixing Console
◆**ミックス／ミックスダウン**　㊤Mix, Mix Down →ダビング

む

◆**ムービー**　動画や映画のこと。制作現場では「フィルム」という言葉がムービーを指すこともある。㊤Movie
◆**ムービーコンテ**　→Vコン

め

◆**メインキャラクター**　アニメの劇中で、物語を牽引する主人公や中心的なキャラクター。
◆**メインスタッフ**　中心的な役割を担う制作スタッフのこと。監督や脚本家に加え、作画監督や美術監督のような各セクションのリーダー。
◆**メインタイトル**　作品の題名。各話のタイトルはサブタイトル。㊤Main Title
◆**メディア**　㊤Media
①アニメ作品をユーザーに届けるために媒介となるテレビ放送、劇場上映、パ

ッケージ販売、ネットワーク配信などの映像媒体を指す。語源はラテン語Medium（ミディアム／英語読み）で、中間や媒体など「間にあるもの」や「媒介するもの」「霊媒」という意味。「媒体」とも言う。
②マスコミ、マスメディアのこと。
③DVDやCDなどの記録媒体。

も

◆**文字校**【もじこう】　→校正
◆**モチーフ**　創作の動機、テーマ、主題のこと。㊥Motif
◆**元請け**【もとうけ】　発注主から作品全体の制作発注を引き受けること。また元請け制作会社を指すこともある。
◆**元請け制作会社**【もとうけせいさくがいしゃ】　製作委員会等の発注主からアニメ作品の制作を直接引き受けた制作会社のこと。アニメ制作においては元請け制作会社から多数のグロス請け制作会社やアニメーター等に発注を行い、作品を制作する。
◆**モニターグラフィックス**　映画やアニメーションなどの劇中に登場する、モニターに表示される架空のGUI（Graphic User Interface）のデザインのこと。㊥Monitor Graphics
◆**モノローグ**　㊥Monologue
①演劇で、登場人物が相手なしにひとりで言うセリフ。独白。
②キャラクターが心の中で思っていることをセリフとして表現すること。口は動かない。シナリオには「M」「（モノローグ）」と書かれており、絵コンテやシートでは「MO」と指定されている。

よ

◆**予告編**【よこくへん】　映画が公開される前やテレビアニメの放送が始まる前に宣伝として用意される映像。テレビアニメの場合には各回の次回予告なども含む。㊥Trailer

◆**予備編集**【よびへんしゅう】　→オフライン編集

ら

◆**ライカリール**　㊜Leica Reel　→Vコン
◆**ラスター**　ビットマップと同様に、ピクセルの集まりで表現されたデジタル画像のこと。または、テレビの走査線。画素を格子状に並べて表現するため、斜めの線ではジャギーが発生する場合もある。拡大すればするほど粗さが目立つ。解像度が高いほど高精細な絵になるが、データサイズはそれに伴い大きくなる。
◆**ラスタライズ**　パス等の複雑なデータや重いリンク画像・埋め込み画像を「ビットマップ画像」へ変換する処理のこと。アニメーション業界では、ベクターデータからビットマップデータに変換することを指す。㊜Rasterize
◆**ラッシュ**　撮影状態確認のための音声なしの未編集プリント。またはその試写。㊜Rush
◆**ラッシュチェック**　撮影後の映像をプレビューすることで確認を行う工程。「バララッシュ」とも言われる。㊜Rush Check

り

◆**リテイク**　やり直しのこと。一度仕上がったカットなどをチェックして、リテイク（直し）の指示を担当者に出すことを「リテイク出し」と言う。㊜Retake
◆**リテイクカード**　→リテイク表
◆**リテイク表**【りていくひょう】　リテイクの内容を詳細に示した表。一目見てわかるようにカット袋に貼り付けて、関連部署に戻す。「リテイクカード」とも言う。
◆**リニア編集**【りにあへんしゅう】　ビデオテープで行う編集のこと。再生用ビデオデッキ、録画用ビデオデッキ、編集機を使って、VTRからVTRへ画像をコピーする編集方式。さらに以前にはフィルム上で編集をしていたことから「フィルム編集」とも言う。現在はPC上でのノンリニア編集が主流。㊜Linear

▲ラスター　　　　　　　　　　　　　　　　　　　　　　　© RoboMasters

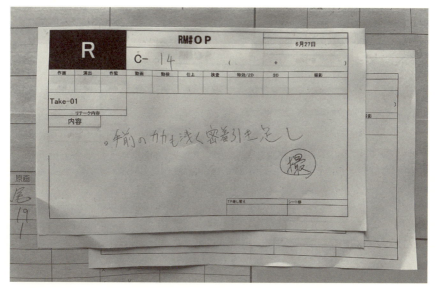

▲リテイク表　　　　　　　　　　　　　　　　　　　　　　© RoboMasters

アニメーション用語事典

Editing

◆**リミテッドアニメーション**　動きを省略・抽象化したアニメーションのこと。1～2コマ打ち（秒24枚～12枚の作画数）を基本として滑らかに動く「フルアニメーション」に対して、3コマ（秒8枚）打ちと単位時間あたりの作画枚数が少ない表現手法のこと。限られた制作環境の中で、セル枚数を減らさざるを得なかった日本のテレビアニメに合った独自の動画作成方法である。リミテッドアニメーションには1950年代のUPA（United Productions of America）のように表現形式として意識的に絵や動きに制限を加えたものと、予算制約による枚数制限という2つの流れがあり、日本の場合は後者の理由によるものであったものの、それが独特の省略・誇張表現（「止め絵」やスピード感）の発達を促した。㊇Limited Animation

◆**リール**　映画フィルム1巻の単位。約300メートル。現在は使用されていない。㊇Reel

る

◆**ルック**　映像の画調、見え方、雰囲気のこと。さまざまな画質要素が関係してくる。㊇Look

れ

◆**レイアウトシステム**　日本のアニメ制作の工程の1つで、絵コンテから直接原画を起こすのではなく、「レイアウト」をもとに、映像作品を制作するシステムのこと。アニメの設計図、仕様書とも言える「レイアウト」に、背景の構図、キャラクターの動き、演出、撮影に関する緻密情報を書き込む。

◆**レイアウト用紙**【れいあうとようし】　カットにおける位置関係の情報源となるレイアウト用紙は、動画用紙と同じ大きさで、標準サイズのフレーム（100）があらかじめ太い実線でプリントされている。「AJA推奨レイアウト用紙規格」によれば、縦横比16:9で、サイズはA4（297mm×210mm）、メインフレームのサイズは、10インチ×5.625インチ（254mm×142.875mm）となって

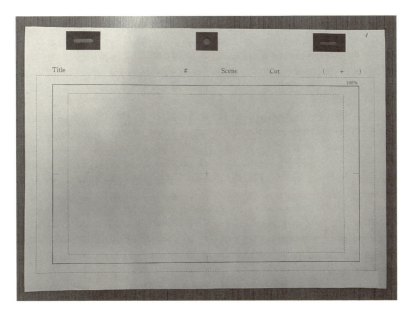

▲レイアウト用紙

いる。

◆**レイヤー合成**【れいやーごうせい】　画像や映像を層状に重ね合わせていくこと。

◆**レタリング**　文字をデザインしたり、選択したりすること。個性的なアニメのロゴもレタリングの一種である。㊥Lettering

◆**レンダリング**　最終的に必要な画面を出力するために、コンピューターによって計算したデータから映像を生成し、ムービーファイル（Quick TimeやAVIなど）にすること。アニメーション制作では、撮影されたカットデータをレンダリングして、ムービーもしくは画像ファイルとして出力する。レンダリング作業のスピードはコンピューターの処理性能に比例している。㊥Rendering

ろ

◆**ロケハン**　作品の舞台となる場所へ、スタッフが実際に出かけて取材するこ

と。「ロケーションハンティング」の略。㊥Location Hunting
◆**ロゴ** 「ロゴタイプ」の略。デザインされた文字で、タイトルや商品名、シンボルマークなどに使われる。㊥Logotype
◆**ローテーション表**【ろーてーしょんひょう】 テレビシリーズのアニメでは制作とアニメーターからなる班を数組作り、各話をローテーションで担当する。
◆**ロール**
①ムービーのひとまとまりを数えるときに使う単位。フィルム1巻の単位を「ロール」と言っていたことに由来する。
②ロールテロップ。

わ

◆**ワークフロー** 作業工程全体の流れのこと。あるいはそれを図式化したもので、一連の工程を矢印で結んだ図によって示している。
◆**ワンクール** 年間52週を4回に分けたテレビにおける基本放送単位。アニメでは、通常CM広告を含む30分1話を3ヶ月間放送することを「ワンクール」と言い、その平均放送話数は12〜13話となる。

欧文

◆**AR**
①→アフレコ
②拡張現実(Augmented Reality)。VR(Virtual Reality／仮想現実)の一種。人間の知覚環境にCGを重ね合わせ、視覚環境を拡張する技術や概念。CGを映し出すのにはHMD(ヘッドマウントディスプレイ)を使用することが多い。類似の概念にMR(Mixed Reality／複合現実)がある。
◆**Aパート／Bパート** 30分のテレビ番組において、CMを挟んで前半をAパート。後半をBパートと称している。CMが2つある場合は、Cパートとなる。また各パートは、同じ尺である必要はない。
◆**BANK** テレビシリーズなどで、一度使用したカットを保管しておいて使

いまわすこと。ロボットの合体シーンや魔法少女の変身シーンなど、毎回の定番のカットで使用される。
◆**BGM** 「Back Ground Music」の略。作品のバックグラウンドで使われる音楽のこと。「劇伴（げきばん）」とも言う。
◆**C.T.** →カッティング
◆**DB** →ダビング
◆**dpi** 1インチあたりのドット数のこと（Dots per Inch）。デジタルアニメーションの世界では慣習的に「1インチあたりのピクセル数」の意味で使われる。ただし、印刷業界では全く意味が異なるので注意が必要。
◆**K**
①タイムシート上の縦に並ぶマスの単位を表すコマのこと。例：2コマ打ち（1秒は24コマ、10K＝10コマ）。
②1km（1,000m）や1kg（1,000g）など1,000を表す頭文字。画像では4Kや8Kなどの表現に使用される単位となり、1,000ピクセルが1K。例：4K＝4,000ピクセル。
◆**MA** →ダビング
◆**MA戻し** →音戻し
◆**ME** 「Music & Effect」のこと。ダビングした音楽と効果音の素材。海外売りなどの吹替え制作に使用される
◆**OFF台詞**【おふぜりふ】 画面内に登場していない人物や、話をしているキャラクターの口が背中越しのショットなどで見えないときのセリフのこと。どちらもコンテとシートに〔OFF〕と指定されている。
◆**SE** →音響効果
◆**T.D.** →ダビング
◆**UPH** 作業締切り日。読みは「あっぷび」。
◆**Vコン** 2Dでは絵コンテをスキャンして撮影したムービーを指し、CG業界では動くコンテを指す。映像制作の初期段階（プリプロダクション）において、全体の流れと各シーンを検討するために作られる。「映像のリズム感」「演技」「カメラワーク」などが絵コンテよりも具体的につかめるため、演出方針や制作手法を検討するのに有効なのと同時に、完全映像をイメージしづらい複雑なカットやCGなどのシミュレーションに適している。「ムービーコンテ」と呼ばれることもあるが、伝統的なアニメーション映画では「ライカリール」、

CGや実写では「アニマティクス」や「プレビジュアライゼーション（プレビズ）」と呼ばれるケースが多い。また、「コンテ撮」も上記と同様に絵コンテを映像化したものだが、アフレコ時などで画面素材が間に合わないときに用意されたものが「コンテ撮」と呼ばれることが多い。

◆**V編**　ビデオ編集のこと。ほとんどの場合に「V編」と呼ばれる。テレビ用アニメーションでの最終工程で、番組のマスターテープを完成させるまでの一連の作業のことを指す。納品フォーマットに沿って、映像原版と音原版を1つにし、テロップを挿入し、最後の調整を行う。通常は、ポストプロダクション企業が担当する。

◆**VFX**　視覚効果のこと。撮影現場での効果を特殊効果（SFX）と呼ぶのに対し、主に撮影後のポストプロダクション段階で付け加えられる効果をVFXと呼ぶ。㊥Visual Effects

◆**VTR**　「ビデオテープレコーダー／Video Tape Recorder」の略。ビデオテープを録画・再生する装置。

作画・演出

アニメ作りの心臓部となる、「作画」と「演出」に関する専門的な知識についてのカテゴリーです。そのため「制作」に次いで多い用語数・項目数となっています。アニメはもともと海外で生まれたものですが、日本においては漫画などの先行文化と融合し独自の発展を遂げました。そのために、日本でローカライズ、あるいは誕生した技術や用語が多くあり、それが日本のアニメを特徴付けています。その中でも、最大の特色となっているのは「手描きアニメ」でしょう。世界中でアニメーションが3D化の方向へ進む中にあって、なぜ日本の二次元アニメが魅力的なのか、その秘密が作画・演出の手法に隠されているので、アニメで作画や演出を目指す人は是非読み込むべき項目と言ってよいでしょう。

あ

◆**アイリスアウト** 画面転換方法の1つで「丸ワイプ」とも呼ばれる。カメラレンズを絞るように画面が円形に縮んでいき、新しい画面によって覆い隠されてしまう手法。シーンを終わらせる手法として、最終的に黒く塗りつぶされてしまうこともある。逆は「アイリスイン」。㊀Iris Out

◆**アイリスイン** 画面転換方法の1つで「丸ワイプ」とも呼ばれる。画面中心から新しい画面が円形に広がって覆い隠されてしまう手法。真っ黒な画面から映像を円形に広がらせる技法として、オーバーラップやフェードイン、フェードアウト同様、新しいシーンの始まりや時間経過にも使われる。「アイリスアウト」と逆の手法。㊀Iris In

◆**アイレベル** 目線の高さのこと。カメラのポジションで目線の高さを「アイレベル」、その上を「ハイポジション」、下を「ローポジション」と言う。地面と平行であると考えられるため水平線を決める位置とされている。㊀Eye Level

◆**アウトする** キャラクターが画面の外に出ていくこと。「フレームアウト」の略。

◆**アオリ** カメラアングルの1つ。ローアングル。下から上に向かって被写体を撮影する方法のこと。

◆**アクションカット** カットの繋ぎ方の1つ。カット内の動作（アクション）が終わる前に切り、引き継いだ動作カットに繋げる。「A.C.」と表記する。㊀Action Cut

◆**アクション繋ぎ**【あくしょんつなぎ】 キャラクターの動き（アクション）を、同じシーンを幾つかに分けて撮影した別の連続カットに切り替える手法。人物が振り向いた瞬間アップに切り替わるなどの繋ぎ方を指す。

◆**アタリ** 下書きよりもラフなスケッチ。背景や人物の位置、動きなどを、ラフな線で描いたもの。「アタリを取る」と言う。

◆**アタリを取る**【あたりをとる】 線などの大まかな位置を決める下書き作業のこと。

◆**アップ** →アップショット

アタリを取る ▶

▲アップショット

◆**アップサイズ**　㊗Up Size →アップショット
◆**アップショット**　登場人物の顔を首辺りから上で画面内に収めたショットを指す。「アップサイズ」とも呼ばれ、「アップ」と略すこともある。
◆**穴あけ機**【あなあけき】　→タップ穴あけ機
◆**アングル**　本来「角度」を意味するが、映像では被写体に対するカメラの角度（カメラアングル）、構図のこと。㊗Angle of View
◆**安全フレーム**【あんぜんふれーむ】　確実にテレビに映る範囲を定めたフレーム枠。

▲安全フレーム

テレビでは、制作時よりも少し狭い範囲で映し出される。そのため確実に見せたいものは、「安全フレーム」の中に納める必要がある。デジタルの時代となった最近ではモニターごとの差違もほとんどなくなり、制作時のフレームがほぼそのまま映るようになったため、安全フレームの意味は多少変わってきている。「テレビフレーム」「セーフティエリア」とも言う。

◆**アンチ**　アニメーションにおける予備動作。目的の（主となる）動きをする前の準備動作のこと。例えば、ジャンプする前に膝を折って力を溜める動作などを指す。

い

◆**一原**【いちげん】　→第一原画

◆**一号カゲ**【いちごうかげ】　アニメーションの色設定で、キャラクターの通常色（ノーマル色）を基本として、より暗く落とした色を影として塗り分けることを「影色」と言う。その際、ノーマル色に対して一段暗いのを「一号カゲ」、二段階目を「二号カゲ」と呼称する。逆にノーマルから明るくするのは「段を上げる」と言う。「一段影」とも言う。

◆**一点透視図法**【いってんとうしずほう】　→透視図法

◆**イマジナリーライン**　出演者や物の「位置関係・進行方向」が観客に混乱を与えないように撮影・編集するための仮想上のラインのこと。対話する2人を結ぶラインを跨いで撮影すると、右に居た人が左に居たように見えるため混乱する。そのため撮影はそのラインで分けられたどちらか一方のエリアから撮らなければならないが、その仕切ラインとなるのがイマジナリーラインである。㊥Imaginary Line

◆**イメージボード**　作品制作に入る前の準備段階で、スポンサー、出資者、中心スタッフなどに世界観やイメージを伝えるために描かれる絵。㊥Image Board

◆**色鉛筆**【いろえんぴつ】　キャラクターのカゲなどの作画に使う。多くは赤、水色など、スキャン時に読みとりやすい色を中心に使用する。

◆**色トレス**【いろとれす】　色鉛筆による作画線。キャラクターの輪郭線を塗り色に近づけなじませる手法。水の作画などにも用いられる。キャラクターに影や

▲イマジナリーライン

ハイライトをつける場合、仕上作業で影色を塗るため、動画時に色鉛筆でトレスする。適切な色鉛筆が使われていれば、スキャナーで取り込まれて彩色レイヤーに表示され、その後適切な色に変換される。
◆インサートカット　挿入されるカット（画面）のこと。例えば、一瞬映る過去の回想シーンなど。㉉Insert Cut
◆イントロダクション　作品の導入部分。登場人物や世界背景などが描かれる。単に「イントロ」とも言う。㉉Introduction

う

◆ウエストサイズ　「ウエストショット」「W.S.」とも呼ばれる。登場人物の腰から上を画面に収めたカット。㉉Waist Size
◆ウエストショット　→ウエストサイズ

◆**運動曲線**【うんどうきょくせん】　機械を除き、生物でも無機物でもその動きはすべて曲線の軌道を描くが、その動作の軌道こと。

◆**運動視差**【うんどうしさ】　観察者の視点または観察対象が移動することによって生じる視差。例えば電車の窓から見る風景は、近いものほど速く動き、遠くのものほど遅く動くが、人は、この速さの違いを見て遠近を把握する。

え

◆**絵コンテ**【えこんて】　「作品の設計図」である脚本に沿って、絵やCGなどで具象化された映像制作の指示書。場所、登場人物、演技、カメラアングル、画面構成、カット割り、セリフのタイミング、雰囲気等を絵（CG）と文字で指示したもの。主にコマ割りカット、演技コメント、セリフで構成されている。効果音や尺（カットの長さ）の指示もある、原画作業のための設計図。欧米では「ストーリーボード」の形式を取ることが多い。単に「コンテ」と言う場合もある。㊥Storyboard

◆**絵面**【えづら】　絵や情景などから受ける印象・感じ。視覚的な印象・面白さ。アニメではレイアウトなどのバランスや動きに対する視覚的印象。

◆**エフェクト**　自然現象（煙、波、風など）や爆発などのキャラクター以外の動きに対する、照明、フィルターワークなど特殊な手法による映像効果のこと。セリフ、音楽以外の擬音や臨場音などの音効果もある。㊥Effect

◆**演技**【えんぎ】　脚本をもとに演出の指示で決められた役を演じること。アニメでは、アニメーターが動きの演技を作画し、声優が声の演技を担う。

◆**遠近法**【えんきんほう】　二次元上で遠近感、立体感を表現するための表現方法。一点透視図法、二点透視図法、三点透視図法などの透視図法と、空気遠近法がある。

◆**円定規**【えんじょうぎ】　円を描くための製図用の定規。

◆**エンドマーク**　作品が終わったことを示す文字。「終」「完」「THE END」など。

◆**鉛筆**【えんぴつ】　作画に使う筆記具。絵の質感を表現するには柔らかい芯（B、2B）の鉛筆が一般的。繊細な細い線を要求される作品ではFやHB、Hなどの硬い芯の鉛筆を使用する。

▲絵コンテ　　　　　　　　　　　　　　　　　　　　　　　　© RoboMasters

お

◆**大ラフ**【おおらふ】　ラフよりもさらに大ざっぱな絵という意味。ラフの強調語。動きをざっくりつかんだ勢いだけで描いた絵。

◆**送り**【おくり】　数枚の動画・原画をループさせて使い繰り返しを表現すること。自然現象の表現に最適。

◆**音をこぼす**【おとをこぼす】　映像が終わっても音を残すこと。

◆**オバケ**　キャラクターの残像を作画で表現すること。勢いのある絵を見せるときに使う技法で、スピーディなタッチ線などを「残し絵」として見せる。[次ページの図を参照]

▲オバケ

◆**オーバーラップ**　画面転換方法の1つ。前のカットと次のカット画像を重ねながら繋げること。前の画面が消えかかりながら、次の画面が次第に現れてくることで、シーン換わりや時間経過を表現する。略は「O.L.」。㊜Overlap

◆**オプティカルフロー**　視点（カメラの移動）に伴う画像の動き。

◆**オフモデル**　キャラクターが設定から外れていること。

か

◆**描き込み**【かきこみ】　本来なら別セルにする素材を1枚の動画用紙の中に描き込むこと。キャラクターの位置関係が変化する時などによく使われる。例：「AセルのボールはここからDセルに描き込み」

◆**陰**【かげ】　影。光が遮られて暗くなっているところ。

◆**影**【かげ】　人物などにつける影のこと。通常は色鉛筆で作画し、仕上で色トレスされる。

◆**カゲ色**【かげいろ】　影に同じ。㊜Shadow

◆**カット**　㊥Cut
「映像カット」の略。アニメにおいては、1つの画面が切り替わるまでの、編集におけるイン点からアウト点までを指す。「C-」と表記することが多い。また、画面や音を止める際に「カット」と声をかける指示や、実写映像でのカメラの録画ボタンを押してから停止するまでの映像区間を意味することもある。

◆**カットイン**　編集技法の基本で、連続撮影されたカットに別カットを入れること。㊥Cut In

◆**カット内O.L.**【かっとないおーえる】　カット内で画面が途中からオーバーラップすること。

◆**カットナンバー**　作品カットの通し番号のこと。カットの並び順に、番号がつけられる。㊥Cut Number

◆**カットバック**　異なる場所で同時に起こっているシーンを交互に繋げて緊張感を持たせる演出手法。映像構成手法の1つ。㊥Cut Back

◆**カット割り**【かっとわり】　演出意図に沿って各シーンの構図や繋ぎを決めること。

◆**角合わせPAN**【かどあわせぱん】　キャラクターを追ってPANする場合、長セルでの作業を避けるために、スタンダードサイズの動画用紙にフレームの角などの印を書き、PAN目盛りに合わせて作画する方法。

◆**カブセ**　着色や線画ミスなどの修正のためにセル画の上から被せるセル画やリテイクの手法のこと。

◆**カブセ動画**【かぶせどうが】　動画リテイクの際、直した部分だけを上にかぶせること。またはその作画結果のこと。

◆**画ブレ**【がぶれ】　→画面動

◆**カメラワーク**　写真や動画の撮影技法用語の総称。カメラの向きや位置などを動かして様々な効果をもたらすこと。「PAN（パン）」「T.U.（トラックアップ）」「T.B.（トラックバック）」など多数。

◆**画面動**【がめんどう】　フレームを小刻みに動かしながら撮影する手法、またはそれによる画像効果のこと。振動（爆発時や地震等）などの表現に有効。「画ブレ」とも呼ぶ。

◆**空セル**【からせる】　空白のセルのこと（または空白のセルをを置くこと）。セルなしのデジタルでは本来必要はないが、習慣に従ってタイムシートに「×」

アニメーション用語事典　**061**

印が書き込まれることもある。㊥Blank Celluloid

き

◆**軌道**【きどう】　動きの軌跡。運動曲線に同じ。

◆**キーフレーム**　アニメの動きを構成する重要なポーズのこと。日本語では原画を意味する。一連の動きを構成するポーズの中から、特に重要なものを複数選別し、キーフレームとして設定する。キーフレーム間のフレームは手描きであれば動画、CGであればソフトウェアによって補間される。補間されたフレームを「動画／中割り」と呼ぶ。㊥Key Frame Animation

◆**逆シート**【ぎゃくしーと】　タイムシート上での指示方法の1つ。番号通りに動いた後、番号を逆にさかのぼって元に戻ること。リピートと併用する場合も多い。セルの兼用が可能。

◆**脚色**【きゃくしょく】　小説や漫画、実際の事件などに工夫を加えて脚本化すること。転じて、話を盛って面白くすることを指す。㊥Dramatization

◆**キャラ崩れ**【きゃらくずれ】　中割りなどでの工程で、キャラクターの造形が設定から外れて統一性が取れなくなってしまった状態。

◆**キャラクター**　作品に登場する人物や動物を指す。また、作品に登場する人物や動物の性格・性質を指すこともある。㊥Character

◆**キャラクター設定書**【きゃらくたーせっていしょ】　→キャラクター表

◆**キャラクター対比表**【きゃらくたーたいひひょう】　キャラクター表の中にある全キャラクターの体格差、身長差を示したもの。「対比表」と略されることもある。

◆**キャラクターデザイン**　原作や脚本、キャラクター原案をもとに、キャラクターデザイナーがキャラクターの容姿・表情・ポーズなどのルックスをデザインすること。

◆**キャラクター表**【きゃらくたーひょう】　登場キャラクターの基本モデルが描かれている表で、キャラクター設定のルールブック。これを元に作画する。略称は「キャラ表」。「キャラクター設定書」とも言う。

◆**キャラ表**【きゃらひょう】　→キャラクター表

◆**切り返し**【きりかえし】　向き合った2人の真ん中にカメラを置き、同じ演技を繰り返しながら1人ずつ撮影すること。あるいは同じアクションシーンを別の

▲キャラクター表（上・中）とキャラクター対比表（下）　©RoboMasters

▲切り返し

角度から撮影すること。

◆**切り貼り**【きりはり】　動画の作業中に、タップ位置を貼り替えたり、絵を貼り足したりすること。仕上のリテイク作業の1つ。絵の部分を切り取って、直したい部分の素材を別に作り、元の絵の上に貼りつける。

◆**均等割**【きんとうわり】　アニメーションの手法の1つで、最初から最後までの動きを均等に分割した動画（中割り）を描くこと。機械的な動きになる。スタート直後とエンド直前を細かく分割して動きに抑揚をつける方法もある。

▲均等割

く

◆**空気遠近法**【くうきえんきんほう】　空気遠近法は大気が持つ性質を利用した空間表現法。遠くのものは霞み、輪郭がぼやけて見えることを利用した表現手法。

◆**空気感**【くうきかん】 空気の厚みや色彩感についての感覚的な表現。絵の具で絵を描くときにも使われる言葉であるが、アニメでは雰囲気を出すための工夫のこと。

◆**口パク**【くちぱく】 キャラクターの口の動きのこと。国内のアニメでは「開き口、中間口、閉じ口」の3種類を交互に入れ替えて喋っているように見せる。海外では先に音声を収録して、その口に合わせてアニメを制作する方法（プレスコ）が主流で、口の動きについての指定も多い。

◆**クッション** 英Cushion →フェアリング

◆**組み**【くみ】 セル素材が背景画の向こう側に隠されるような表現。セル素材が隠されている部分は描かない。

◆**組み線**【くみせん】 セル素材が背景画の向こう側に隠されるような組み表現において、その境界の処理線のこと。セルも背景も、この組み線を基準に作成される。

◆**雲形定規**【くもがたじょうぎ】 製図用の曲線定規。

◆**クライマックス** 作品の中で一番盛り上がるシーン。ラスボスとの最終的対決や大逆転など。「山場」とも呼ばれる。英Climax

◆**クリップ** 市販のクリップ。動画用紙を束ねたままタップをはずすときや、タップ割りをするときに、動画用紙を挟んで固定するために使用する。

▲組み

◆**クリンナップ**　ラフな原画の線をきれいな動画の線に描き写す清書作業のこと。ライトテーブルの上に原画を置き、動画用紙を重ねてトレスする。「クリーンアップ」とも言う。㊧Clean Up

◆**クローズアップ**　登場人物の顔をアップサイズ（ショット）よりもさらに大きく画面内に収めたショットのこと。㊧Close Up

◀クローズアップ

◆**クロッキー**　鉛筆や木炭を使って対象を素早く描画すること。アート教育においては基礎として学ぶことが多い。「速写」「ドローイング」とも言う。㊧Croquis

け

◆**けれんみ**　漢字では「外連味」と書く。アニメならではのはったりや誇張を指す。「けれんみに溢れている」という表現であれば、アニメならではのはったりが利いていて魅力的であるという意味になる。

◆**原図整理**【げんずせいり】　→レイアウトバック

こ

◆**光源**【こうげん】　太陽や電球のように自ら光を発する発光体。

◆**骨格**【こっかく】 アニメにおいては、作画時に必要とされる基本的な人体構造のこと。

◆**コマ打ち**【こまうち】 指定されたフレーム枚数ごとに同じ絵を表示すること。アニメは1秒24フレームで構成されており、1秒間に表示する絵の枚数が多いほど動きが滑らかになる。「2コマ打ち」は2フレーム同じ絵を表示するため、1秒間の作画枚数は12枚となり、「3コマ打ち」の場合は、3フレーム同じ絵を表示するため、1秒間の作画枚数は8枚となる。日本のリミテッドアニメーションは基本を3コマ打ちとなっている。

◆**コマ出し**【こまだし】 →スポッティング

◆**コンテ** 英Continuity →絵コンテ

◆**コンパス** 円を描き線分の長さを移すのに用いる文房具・製図器具。鉛筆をつけられるものが適している。作画に使っていた鉛筆をそのまま使うことが可能。

さ

◆**作画**【さくが】 レイアウト、原画、第二原画、動画などアニメーションにおいて動くパートを描くこと。

◆**撮影指定**【さつえいしてい】 タイムシート上にカメラワークを指定すること。レイアウトに対する、フレームの位置・大きさ・カメラワーク・PAN目盛り等が指示されている。[次ページの写真を参照]

◆**作監修正**【さっかんしゅうせい】 作画監督が作品のキャラクターや動きを統一するために原画に手を入れる修正のこと。修正用紙に修正内容を記入して原画に戻す形式が基本。

◆**作監補**【さっかんほ】 作画監督のアシスタント。

◆**サブリナ** 「サブリミナルカット」の略。閃光などの表現のために、ごく短い露出オーバーの絵を1フレームか2フレーム挿入する映像手法。

◆**サブリミナル** 視覚や聴覚では認識できないような短い映像や音などを与えることで観客の潜在意識に働きかけること。人間の意識下で影響を受けることを「サブリミナル効果」と言う。選挙などで用いられる危険性もあることから現在は禁止されている。英Subliminal

◆**三点透視図法**【さんてんとうしずほう】 →透視図法

▲撮影指定

し

◆**ジェットコースタームービー** ジェットコースターに乗っているように、息をつく間もなく刺激的な映像が次々と連続的に繰り出される映画のこと。
◆**シークエンス** 映画や映像におけるまとまったシーンの集まりのこと。カットの集合がシーン、そのシーンの集合がシークエンス。
◆**字消し板**【じけしばん】 作画で消しゴムが必要な時に使う小さな穴の空いたアルミ板。製図道具。「ステンシル」とも言う。
◆**下タップ**【したたっぷ】 作画用紙の下側にあるタップ穴があること。動画用紙は、通常、紙の上部にタップ穴があるが、撮影台の制約やカメラワークの都合などで、用紙の下部にタップ穴をつけることがある。海外では下タップ作画が基本。
◆**ジャンプスライド** 作画と撮影のテクニックの1つ。背景がスライドする歩

行動画で、足がスリップしているように見えるのを防止するためのテクニック。㊥Jump Slide
◆**重心**【じゅうしん】　物体を支えるバランスの中心点。
◆**定規**【じょうぎ】　線や図形などを描くときに使う機器。アニメは30〜50cm程度が適当。
◆**上下動**【じょうげどう】　キャラクターが歩きや走りの演技をする際に、頭（体）が上下に揺れる動きのこと。キャラクターの演技内容や、画面に対するキャラクターサイズなどで揺れ幅が異なるため、調節する必要がある。
◆**消失点**【しょうしつてん】　遠近法や透視図法において、奥行き方向に向かって平行の直線群が交わる点のこと。
◆**所要秒数**【しょようびょうすう】　絵コンテに記入されているカット秒数。
◆**シルエット**　キャラクターなどの影のこと。㊥Silhouette
◆**白コマ**【しろこま】　1フレームだけ真っ白の画を入れる演出手法。爆発シーンを引き立たせるために、直前に白コマを1フレーム入れたりする。
◆**シーン**　同一場所の1つまたは1つ以上の「カット」の連続によって構成される場面にあける、意味をもった一連のカットのまとまりで、文章における段落や文節、舞台における一幕のようなイメージ。㊥Scene
◆**シンメトリー**　左右対称の意。西欧の美術の分野においてこの表現が明確に表われているのが建築で、宗教建築その他の威厳や安定感を必要とする建築物のほとんどがシンメトリーを保っている。それに対して近代以前の日本独自の建築物には左右対称のものはほとんどない。この考え方や伝統の違いは美術面にも現れている。㊥Symmetry

す

◆**スケッチ**　写生。人物や風景などを大まかに描くこと。㊥Sketch
◆**ステンシル**　→字消し板
◆**ストップウォッチ**　アニメーターが原画の動きのタイミングを測るときや、監督がカットの秒数を計算するために使う。国産アナログ30秒積算計は現在1種類のみ。2万円以上するため1,000円のデジタルウォッチでも可。
◆**ストップモーション**　映画やテレビで動いていた被写体の動きを一瞬止める

画面効果。舞台演出でも用いる。㊥Stop Motion

◆**スポッティング**　映像と音を同期させる手法の1つ。音のタイミングを細かく決め、それに合わせて作画する。オープニングやエンディングでよく行われる。音と映像を同期させるために「スポッティングシート」という専用の伝票で指示を出す。「コマ出し」とも言う。㊥Spotting

せ

◆**正中線**【せいちゅうせん】　生物、人体の中心を結ぶ線のこと。

◆**セーフティエリア**　㊥Safety Area →安全フレーム

◆**セル入れ替え**【せるいれかえ】　カットの途中で、キャラクターの位置関係などの理由から、セルの順番を意図的に入れ替えること。

◆**セルエッジ**　セルシェーディングの際に、物体の輪郭や激しい凹凸の部分に発生する線のこと。㊥Cel-Edge

◆**セル重ね**【せるがさね】　セル（動画）を重ねる順番。タイムシートで指示されるが、通常一番下に来るのがAセルである。

◆**セル組み**【せるくみ】　セル同士による「組み」のこと。

◆**セル分け**【せるわけ】　1枚の絵や画像データを2枚以上のセルに分割すること。原画や動画では、1枚の絵を複数枚のセルに分割して描くこと。

◆**セル渡り**【せるわたり】　あるセルに描かれたキャラクターや物体が、カット途中から別のセルで描かれる、という作画手法。

◆**全セル**【ぜんせる】　→全面セル

◆**全面セル**【ぜんめんせる】　通常カットはセルと背景で構成されているが、セル全体が彩色され、背景が必要ない画面のこと。「全セル」と略す。

◆**速度配分**【そくどはいぶん】　→ツメ

た

◆**第一原画**【だいいちげんが】　原画工程を2分割し異なるアニメーターが担当する場合の前半の工程。後半の工程は「第二原画」。レイアウトやタイムシート作成などの作業を含む原画の要の作業を第一原画で行い、以降の工程を第二原画にて完成させる。単に「原画」と言うときは、第一原画のことを指すこともある。「一原」と略される。

◆**第二原画**【だいにげんが】　原画工程を2分割し、異なるアニメーターが担当する場合の後半の工程。第一原画を完成させるための仕上作業。作品が増え、作画が高度化する中で臨時的な対応として生まれた工程であるが、次第に定着しつつある。「二原」と略される。

◆**対比表**【たいひひょう】　→キャラクター対比表

◆**タイミング**　㊥Timing
①ある行為、動作を起こすのに、もっとも適切でぴったりした時点、瞬間。
②「タイミング撮」に同じ（「撮影」のカテゴリーを参照）。

◆**タッチ**
①絵画の作風、筆触。「タッチが粗い」「力強いタッチ」。
②風などの表現で、鉛筆で払うように勢いよく引いた線のこと。動画では主に色鉛筆が使われる。

◆**タップ**　レイアウトや作画用紙、セルなどを固定するための用具。長さ25.5cmの金属製の板で、3つの突起を用紙の穴にはめて固定し作画する。1941年カナダ人のラオル・バーによって考案され、世界標準となっているため、どの国でも使うことができる。

◆**タップ穴**【たっぷあな】　動画用紙をタップについた3つの突起に固定するための3つの穴のこと。またはタップ補強するために、いらない動画用紙などで作るタップ穴部分のみを切り離した紙のことを指す。

◆**タップ穴あけ機**【たっぷあなあけき】　タップ穴を紙やセルに開ける器具。「タップパンチャー」「パンチ」「孔明機」「穴あけ機」とも言う。

◆**タップパンチャー**　→タップ穴あけ機

◆**タップ補強**【たっぷほきょう】　タップ部分を2枚重ねて補強すること。紙やセルのタップ穴に、合成や大判などの作画や仕事作業中に、負担がかかり穴がゆ

くなってしまうのを避ける。
◆**タップ割り**【たっぷわり】　動画用紙のタップ穴を基準にした中割り技法の1つ。動画を均等に割りたい時に使われる。
◆**溜め**【ため】　→予備動作

◆**付けPAN**【つけぱん】　移動している被写体に合わせて固定カメラが首の振りだけで追いかけるカメラワーク。基本的には1枚の背景の中で被写体をカメラの中心に据えたまま追っていくカメラワークであり、激しい動きを描くFollow PANとは異なる。

▲付けPAN

◆**ツメ** 動画で中割りする際、間隔を均等にせず意図的に原画に近い（詰めた）絵を描くこと。速度配分。加速感・減速感を出して、動きにメリハリをつける時に使う。
◆**ツメ指示**【つめしじ】 中割りの際に、どのような間隔で動画を原画間に入れるかを示したゲージのこと。原画の時点で指示を入れる場合もある。
◆**ツメ表示**【つめひょうじ】 動画への詰め方を表示すること。

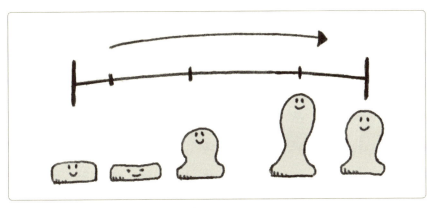

▲ツメ表示

◆**ツメル** 動画に対しての速度配分を調整すること。ゲージの目盛り間隔を狭めることを指す。

て

◆**ディゾルブ** 画面転換の技法の1つ。先行する映像を次第に淡く消していくと同時に、次の映像をじわりと挿入しながら映像を入れ替える方法。㊥ Dissolve
◆**デッサン** 素描。時間を掛けてモチーフの形状を描くこと。物の形、質感、明暗、遠近感を平面で表現する絵画の基礎。
◆**デッサン割り**【でっさんわり】 中割りの技術の1つ。原画の絵を立体として理解した上で、中間の絵を作画すること。［次ページの図を参照］

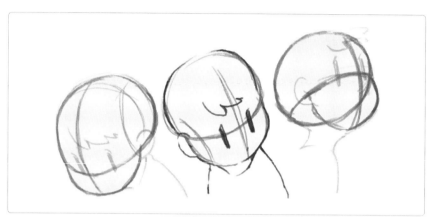
▲デッサン割り

◆**デフォルメ**　対象を誇張、強調、省略する表現手法。日本独特の言い方で、海外では誇張や簡略化の意味合いはなく、力学、地質学、数学などにおける「変形（する）」という意味で使われている。

◆**手ブレ**【てぶれ】　手ブレをあえて効果として使うカメラワークの1つ。

◆**テレコ**　「逆」「入れ替え」といった意味。「カットをテレコにする」「構成をテレコする」といったように使われる。もともと歌舞伎の用語で、2つのストーリーを交互に進行させることを指し、転じて「入れ替えること」の意味になったと言われている。

◆**テレビフレーム**　→安全フレーム

◆**テンポ**　時間、速度。音楽の速度。㊤Tempo

と

◆**透視図**【とうしず】　透視図法によって描かれた絵。

◆**透視図法**【とうしずほう】　遠近感を表現するための理論。二次元のアニメーションの画面に、奥行きや空間を感じさせるためには欠かせない手法。視点と消失点から画の構図を設計する。消失点を画面に1つだけ設定すると「一点透視」で、2つだと「二点透視」、3つだと「三点透視」となる。透視図法は「パース（パースペクティブの略）」とも言う。㊤Perspective

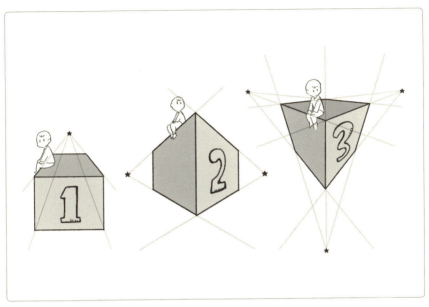

▲透視図法

◆**頭身**【とうしん】 キャラクターの体型を、頭の大きさを基準にして表したもの。身長が頭5つのサイズ（5等分）の場合には「5頭身」と表記する。㊥Body Proportions

◆**同トレス**【どうとれす】 トレス台で動画を透かしながら、上に動画用紙を置いて同じ絵を描くこと。

◆**同トレスブレ**【どうとれすぶれ】 同トレスするときに小刻みに震える線などを表現すること。マシンがけでも十分ずれるため、同トレスしておいても多少ブレて見える。

◆**止め**【とめ】 動かない静止画のカット。カメラワークがあっても「止め」と言う。

◆**トラックアップ** カメラが被写体に近づいていく撮影手法のこと。カメラが固定されているズームアップとは異なり被写界深度は変化しない。「T.U.」と表記される。[次ページの図を参照] ㊥Track Up

◆**トラックバック** カメラが被写体から遠ざかる撮影手法のこと。実写では「ドリーバック」と呼ばれる。「T.B.」と表記される。[次ページの図を参照] ㊥

▲トラックアップ

▲トラックバック

Track Back
◆**トレス**　主にRETASを使って、スキャンされた動画データを処理し、彩色しやすいデータにすること。アナログ時代は、動画をセルに転写することを指し、手作業でハンドトレスしていたが、1960年代後半からはトレスマシンで転写するようになった。㊚Trace
◆**トレス台**【とれすだい】　ガラス板がはめ込まれていて、その下に蛍光灯が入っている机のこと。蛍光灯を下から照らすと、動画用紙を重ねても、下の絵が透けて見えるため、原画や動画を描く時にも利用できる。

な

◆**中口パク**【なかくちぱく】　中割りをしてキャラクターを動かしながら、口パクもさせること。
◆**長セル**【ながせる】　横にPANする際などに使うスタンダードフレームより長い動画用紙のこと。またはその動画用紙を使って描いた原画、セルのこと。
◆**中無し**【なかなし】　原画と原画の間に中割りが入らないこと。
◆**中割り**【なかわり】　原画と原画の間を繋ぐ動画を描くこと。または動画のこと。タイムシートを参照して行う動画担当者の仕事。
◆**なめる**　画面手前に大きくキャラクターや物を置くカメラアングル。「肩なめ」は、手前の人物の肩越しに、奥の人物や物を写すこと。

に

◆**二原**【にげん】　→第二原画
◆**二号カゲ**【にごうかげ】　アニメーションの色設定で、キャラクターの通常色（ノーマル色）に対して一段暗いのを「一号カゲ」、二段階目を「二号カゲ」と言う。
◆**二点透視図法**【にてんとうしずほう】　→透視図法

ぬ

◆ヌケ　㊤Space, Blank
①映像が遠くまで見通せて、画面がすっきりしていること。「ヌケがよい」と言う。
②色を塗らない部分のこと。またはその指示。
◆塗りわけ【ぬりわけ】　仕上がペイントしやすいように、または動画を割りやすいように、色指定に合わせて動画を色鉛筆で塗りわけておくこと。

ね

◆ねむい　コントラストが弱く、何となくボヤケている映像（画像）のこと。

の

◆残し【のこし】　髪の毛や服の裾など遅れて動く部分の追従動作。動きのタイミングを遅らせ、力の伝達に時間差を出すことで、柔軟性のある動きを表現することが可能になる。「フォロースルー」とも言う。

は

◆背景動画【はいけいどうが】　普通は固定した背景として描かれるようなものを、動画で動かしてしまう手法のこと。「背動」と略す。
◆背動【はいどう】　→背景動画
◆ハイライト　㊤Highlight
①光を受けて特に明るく（白く）見える部分。
②演劇・映画・スポーツ・ニュースなどで最も興味をそそる場面や出来事。

◆パース　㊤Perspective →透視図法
◆バストサイズ　㊤Bust Size →バストショット
◆バストショット　キャラクターの胸から上あたりを画面内に収めたショットのこと。「バストサイズ」とも言う。「B.S.」と表記する。［次ページの図を参照］
◆羽根ぼうき【はねぼうき】　動画用紙の消しゴムのかすや鉛筆の粉を払い落とすために使う製図ブラシ。
◆ハーフサイズ　登場人物の腰から上あたりを画面に収めたショット。㊤Half Size
◆パラ　画面の一部または全部に色フィルターをかけること。アナログ制作時代には「パラフィン紙」をセル上に載せて効果を加えたことが由来で、色パラフィンの略で「色パラ」とも呼ばれる。
◆バランス　キャラクターや各パーツ、映像上の構図などのバランスのこと。カラーバランス（Color Balance）、ライトバランス（Lighting Balance）などもある。㊤Balance
◆貼り足し【はりたし】　動画用紙の大きさが足りない時に、紙を貼り足すこと。
◆反射光【はんしゃこう】　物体に反射する光のこと。
◆パンチ　㊤Punch →タップ穴あけ機
◆ハンドトレス　アナログアニメーションで、トレスマシンを使用せず、手作業でセルへのトレスを行うこと。色トレスをする場合などに使われる。㊤Hand Trace

ひ

◆ピーカン　雲ひとつない快晴のこと。ピース缶（たばこ）の青色が語源という説が有力。
◆引き写し【ひきうつし】　複数枚のセルを重ねて、線がズレないようにハンドトレスで写し取ること。熟練の技術が必要となる。
◆引きスピード【ひきすぴーど】　セルやBGをスライドさせる時のスピード。1コマのスライドを「○○ミリ／K（コマ）」と表記する。

▲バストショット

ふ

◆**フェードアウト** 徐々に画面が暗くなって消える映像演出。「F.O.」と表記される。対義語は、「フェードイン」。㊜Fade Out

◆**フェードイン** 徐々に画面が明るくなって現れる映像演出。「F.I.」と表記される。対義語は、「フェードアウト」。㊜Fade In

◆**フォーカスアウト** 通常はフォーカスインと合わせて使われる場面転換の技法。鮮明な画面から徐々にピントを甘くして、何が映っているのかわからなくなったところで次のカットに転換する。㊜Focus Out

◆**フォーカスイン** ぼやけたピントが次第に合い始めて、明瞭な画面（あるいは画面の一部）となる手法。㊜Focus In

◆**フォルム** 整った形状、外形などを意味する言葉。ラテン語が語源で、英語では「フォーム／Form」。

◆**フォロースルー** ㊜Follow Through →残し

◆**俯瞰**【ふかん】 高い位置から被写体を見下ろすアングル。カメラの高さや角

度で、画像のニュアンスが変わってくる。㊥Bird's Eye

◆**伏線**【ふくせん】　小説や演劇、映画、ドラマなどで未来に起こる展開について、事前にそれを暗示させる布石をさりげなく打っておくこと。伏線がしっかりと張られていないと、物語の展開が不自然だったりご都合主義と捉えられてしまう。㊥Foreshadow

◆**布石**【ふせき】
①囲碁で、序盤戦で要所要所へ打って置く石の配置。
②将来のために配置しておく備え。㊥Preparation

◆**フラッシュバック**　映像の中で一瞬だけ違うカットを差し込む演出手法。過去の記憶を瞬間的に思い出す描写が挟み込まれる。

◆**振り向き**【ふりむき】　登場人物が振り向く演技のこと。

◆**フルショット**　キャラクターの全身を画面いっぱいに収めたショット。

◆**ブレ**　演出意図に従い、震えや震動の表現のために、同じ絵を線1本分程度ずらして複数枚描くといった絵の揺れのこと。リテイクの場合は「ガタ」。

◆**フレア**　透過光の輪郭部に発生する光のにじみのこと。撮影レンズやフィルムの感光剤の上で物理的に発生していた現象であるが、デジタル撮影では意図的に同じように見える効果を作り出している。㊥Flare

◆**フレーム**　㊥Frame
①作品画面の縦横比（画格）サイズを決めるための基準となる枠。実際に映し出される領域を示すこの枠の中に作画したものが、画面に反映される。最終納品形態によってフレームの大きさや縦横比が決まるが、レイアウトや原画などではカメラワークの指定による。セルアニメではフィルム画面の縦横比と同じ1：1.33（3：4）である。
②時間軸上の構成単位。劇映画なら毎秒24コマ（フレーム）、日本やアメリカのテレビなら毎秒30コマ（フレーム）。

◆**フレームアウト**　画面内のキャラクターなどが画面外に出ること（Fr.out）。対義語は「フレームイン」で、「Fr.in」と表記する。㊥Frame Out

◆**フレームイン**　画面外のキャラクターなどが画面内に入ること（Fr.in）。対義語は「フレームアウト」で、「Fr.out」と表記する。㊥Frame In

へ

◆**ペンタブレット**　図形作成などに用いる板状の入力装置。専用の電子ペンとソフトウェアによって入力をする。英語圏では「グラフィックスタブレット／Graphics Tablet」が一般的であるが、「ドローイングタブレット／Drawing Tablet」「デジタルアートボード／Digital Art Board」などとも呼ばれている。

ほ

◆**頬ブラシ**【ほほぶらし】　キャラクターの頬に乗せる特殊効果のこと。作画の段階では色鉛筆で頬ブラシの位置を円で囲み、仕上の段階で指定されている色や濃さ透明度やぼかしなどで頬ブラシを作成する。

◆**ポン寄り**【ぽんより】　同じカメラアングルのまま、単純にカメラが寄るだけのショット。決してズームアップ画面のことではない。単純に前カットの拡大作画をすると、画面が中抜きでガタったように見えるため、そうならないようにカメラがトラックアップしたような画面を描く必要がある。

ま

◆**間**【ま】
①物と物とのあいだの空間。すきま。間合い。
②動きと動きの間の時間。間合い、タイミングを計ること。
③落語などの口承芸における技術の1つ。

み

◆**密着**【みっちゃく】　「密着マルチ」「密着スライド」の略。多重スライドの撮影

▲ポン寄り

方法。PANやFollowのカットで、いくつか重ね合わせたセルや背景をそれぞれ異なるスピードでスライドさせ、画面に奥行きや立体感を生み出す撮影方法。

◆ムービングホールド　大きなアクションの後の余韻としての小さな動き。㊥
Moving Hold

め

- **◆メカニックデザイン** 作中に登場する機械をデザインすること。ロボット、戦艦、銃器などの架空の兵器をデザインするだけでなく、実在の機械をアニメ作画用にアレンジすることも含む。「メカデザイン」「メカニカルデザイン」とも呼ばれる。
- **◆メタモルフォーゼ** 変化、変身のこと。「メタモ」と略されることもある。アニメでは作画でアナログに変身、変形させること。デジタルエフェクトで変形させる場合は「モーフィング」と呼ばれる。㊀Metamorphose
- **◆目パチ**【めぱち】 目のまばたきのこと。

も

- **◆モブシーン** 群集シーンのこと。大勢の登場人物が一度に画面上で動くシーンである。㊀Mob Scene
- **◆モンタージュ** フランス語で組み立てる・組み付けるの意味であるが、映画では視点の異なる複数のカットを組み合わせて用いる編集技法のこと。映像編集の基礎であるため、編集と同義で使われることも多く、それを展開した「モンタージュ論」、または「モンタージュ技法」などの理論がある。㊀Montage

や

- **◆山を送る**【やまをおくる】 山と谷のある形状を割る方法。高くなっているところを「山」と呼び、それを中割りして次の山に送っていく。煙、旗のなびきなどを表現する。

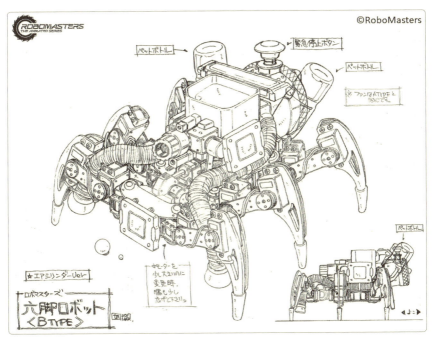

▲メカニックデザイン

ゆ

◆**指パラ**【ゆびぱら】　動画用紙を指でパラパラでめくってと動きを確認すること。

よ

◆**予備動作**【よびどうさ】　ジャンプする前に膝を曲げるなど、次の動作を予測させる準備動作のこと。ディズニー・スタジオでスーパーバイジング・アニメーターを務めたフランク・トーマス、オーリー・ジョンストンの共著『Disney Animation / The Illusion of Life』(1981)で紹介された12の基本原則の1つ。高くジャンプする直前の深く腰を沈める動作など。キャラクターに予備動作をさせると、動きにリアリティが生まれ、メインとなる動作が引き立つ。「溜め」

とも言う。㊥Anticipation

ら

◆**ライティング**　手描きアニメで、3次元のモノを平面に起こす時の光の当て方のこと。影のつけ方などが変化する。㊥Lighting
◆**ライトテーブル**　㊥Light Table →作画机
◆**ライブアクション**　㊥Live Action →ロトスコープ
◆**ラフ**　形式ばらないという意味の言葉。「ラフを入れる」とは、きれいな線ではなく、荒い線でよいのでざっと下書きを描いてくださいという意味。アニメーションの作画において、全体的な流れを追って作画をするためには、ラフの中割りを動画にして動きを見極める必要がある。
◆**ラフ画**【らふが】　動きの流れをラフな線でざっと描いた画のこと。
◆**ラフ原**【らふげん】　「ラフ原画」の略。ラフな線で動きの流れをざっと描いた原画のこと。
◆**ランダムブレ**　絵を無作為にブレさせること。「〜ブレ」という言い方も、工程や会社によって、意味・使用法などが異なる場合があるので注意が必要。

り

◆**リップシンク**　プレスコで録音されたキャラクターの口の動きに合わせて作画すること。海外のアニメーションでは、口の動きとセリフのタイミングが合っているか（リップシンク）が重要視されるため、セリフを先に録音し、口と同じ動きをする作画が主流となっている。口の形を合わせるだけでなく、セリフに合わせた演技や動きをキャラクターにさせるのもその範疇。3DCGアニメーションでは、フェイシャルキャプチャーによって、セリフを言うアクター（役者）の動きを撮影しデータ化する。㊥Lip-Sync
◆**リピート**　㊥Repeat
①リピート作画のこと。
②番組の再放送。

◆**リピート作画**【りぴーとさくが】　何枚かの動画をくり返し使って同じ動きを再現すること。タイムシート上に指示を書き込む。口パクや自然現象を表現する際に使われる。

◆**流線背景**【りゅうせんはいけい】　物や人間が動いていることを表現するために流れる効果線で構成された背景。

◆**流PAN**【りゅうぱん】　スピード感を出すための流線状の背景とカメラワークのこと。

れ

◆**レイアウト**　「L/O」または「LO」と表記する。アニメーター（原画マン）が描き起こすカットごとの場面設定。背景とキャラクターの構図を1枚の絵で示したもの。これを元に作画する。絵コンテが「作品の設計図」であるのに対し、レイアウトは「画面の設計図」で、カメラワークや演技内容も、この時点で設計される。絵コンテをもとにして、キャラクターの動きや背景とのバランス、背景画の内容、さらには光源の位置やレンズの種類、エフェクト処理、カメラワークなどの情報が、1枚のレイアウト用紙にまとめられている。各カットの演出と撮影プランを決め込むだけでなく、原画と背景画の下絵にもなる非常に重要なデータである。レイアウト用紙は動画用紙と差別化するため、薄い色付きの紙が主流。レイアウトはたいていラフな線で描かれているが、背景担当の人が細部を手直ししながら別紙にクリーンアップすることもある。［次ページの図を参照］㊥Layout

◆**レイアウトバック**　演出、作画監督がチェックしたレイアウトと関連素材（キャラクターのアタリや作業用指示書類など）を複製し、加工・整理・仕分けした後に、原画工程と背景美術工程に戻す（渡す）こと。「原図整理」とも言う。また、美術監督などが行う背景原図の修正を指すこともある。㊥Layout Back

◆**レイヤー**　デジタル作画におけるセルの階層のこと。アナログアニメーション時代は、線画、色、背景などを分けて描いた「セル」と呼ばれる透明なシートを重ね合わせることで、1枚の絵にする「セル画」の手法で制作が行われた。デジタルアニメーションにもこの考え方が継承され、ペイントソフトにレイヤー機能が生まれた。㊥Layer

▲レイアウト

ろ

◆**ロトスコープ** 実写映像をガイドとして1フレームずつトレスし、アニメーションを制作する手法。人間、動物や自然現象などをフィルムやビデオに撮影して、その動態変化をトレスして動きを生成する。3DCGソフトウェアにも同様の機能があり、モーションキャプチャーが困難な場合などに使用されている。「ロトスコ」と略すこともある。ライブアクションもほぼ同様の意味を持っている。㊥Rotoscope

◆**ローリング** 主に画面を上下に揺らすこと。横揺れの場合は「ピッチング」とも言うが、ローリングと一緒になって上下左右に揺らすケースが多くある。歩きや電車、馬車の振動、ジャンプ着地後の衝撃、爆発シーンなどを表現する際に使う。基本的には、原画担当者が指定した移動幅の目盛りにしたがって撮影する。㊥Rolling

◆**ロングショット** 被写体を遠方から撮影し、画面の中で、小さく捉えたカットのこと。全身が画面内に収まるショット。㉑Long Shot

▲ロングショット

わ

◆**ワイプ** 場面転換手法の1つ。車のワイパーがフロントガラスを拭うように、別のカットの一部が現れ、それが広がって元のカットを覆いつくす。ビデオ技術の進歩と供に、複雑なワイプが使われるようになった。㉑Wipe
◆**ワイプアウト** 画面の端から、拭い消していく映像手法。反対語は、「ワイプイン」。㉑Wipe Out
◆**ワイプイン** 画面の端から、拭うように現われる映像手法。反対語は、「ワイプアウト」。㉑Wipe In

欧文

◆**A.C.** →アクションカット
◆**BG** 作品の背景画。
◆**BG組み**【びーじーぐみ】 背景画像とセルを適切に組み合わせ完成した画面を構

成すること。そのために必要な組み線は、通常レイアウトか背景原図で示される。二次元の背景内で、キャラクターがあたかも三次元空間にいるように芝居させるために有効である。なお、デジタルも同じ原理で、コンピューターで実際のBGからマスクを作り、正確にセルを切り抜くことが可能。

◆**BG組み線**【びーじーくみせん】 BGと動画の組み合わせを指定するための線。背景とセルとを厳密に組み合わせる必要がある場合、その部分の輪郭線を指定することを「組みを切る」と言い、その指定した線が「組み線」となる。

◆**BG Only** 動画を使用しない、BG（背景）だけのカットのこと。

◆**B.S.** →バストショット

◆**C-** →カット

◆**C.U.** →クローズアップ

◆**Fix** 「トラックアップ」「トラックバック」「PAN」「Follow」などのカメラの動きがない固定カットのことで、一番多用されるカメラワークの基本である。

◆**Follow** カメラワークの一種で、例えば自転車で移動するキャラクターに対し常に同じ位置（距離）になるようにカメラも一緒に水平移動する撮影方法。日本語では「追い写し」。PANとの違いは、移動する被写体を追いかけて（フォローして）撮影すること。アニメーションでは、人物などが走るような場合、背景だけ引くことでフォロー効果が出せる。正確には「トラベリング」（移動）、または「トラッキング」（追跡）と言う。

◆**FollowPAN** 移動している被写体に合わせてカメラが動いて追いかけるカ

▲ BG組み線

メラワーク。キャラクター等をカメラが追っていくという点では付けPANと同じだが、激しい動きを演出する目的で使われる。［次ページの図を参照］

- ◆F.I. →フェードイン
- ◆F.O. →フェードアウト
- ◆Fr.in →フレームイン
- ◆Fr.out →フレームアウト
- ◆L/O →レイアウト
- ◆O.L. →オーバーラップ
- ◆PAN【ぱん】 カメラワークの一種。アニメーションでは水平・垂直などを問わず、カメラの向きを変えながら撮影すること全般を指す。セルや背景をスライドしながら撮影して動きをつける。本来のPANの意味は「Panorama」の略で、カメラを水平に回しながら撮影すること。㊥Panoramic Shot
- ◆PAN-UP／PAN-DOWN【ぱんあっぷ／ぱんだうん】 PANの一種で、カメラの向きを上または下に変えながら撮影すること。実写では「TILT（ティルト）」と呼ぶ。

▲ FollowPAN

◆T光　透過光のこと。エフェクト処理の1つ。読みは「てぃーこう」。
◆T.B.　→トラックバック
◆T.U.　→トラックアップ
◆W　白（White）の意味。Wだけはわかりづらいため、丸で囲むことが多い。
◆W.S.　→ウェストサイズ

数字

◆**3Dレイアウト**【すりーでぃーれいあうと】　3DCGソフトで建物や風景を組み上げたレイアウトとのこと。従来は原画マンが手描きでレイアウトを描き起こし、演出チェック、作監チェックを経て原図を描くという段取りであったが、3Dレイアウトを取り入れることにより、パースの正確さが必要とされるカット、建て込んだビル群や部屋の中のインテリアなどの手描きで時間のかかる作業で、3Dであらかじめ骨格を組むことによって素早く進むようになった。

◆**12の基本原則**【じゅうにのきほんげんそく】　ディズニー・スタジオで「オールド・ナイン・メン」と呼ばれたスーパー・アニメーターのフランク・トーマス、オーリー・ジョンストンの共著『Disney Animation / The Illusion of Life』（1981年発行。日本では徳間書店から『生命を吹き込む魔法』というタイトルで出版）で紹介されたディズニー流アニメーション基本原則。アニメーションの主流が作画からCGに移行した現在も、12の基本原則は欧米の数多くのアニメーターに影響を与えている。日本のアニメスタジオやCGプロダクションの手法と異なる場合もあるため注意が必要。㊤12 Basic Principles of Animation
①Squash and Stretch（引き延ばしとペチャンコ）
②Anticipation（予備動作）
③Staging（演出）
④Straight Ahead Action and Pose to Pose（順次描写とポーズ設計）
⑤Follow Through and Overlapping Action（あと追い動作と重複）
⑥Slow In and Slow Out（両端づめ）
⑦Arc（曲線運動）
⑧Secondary Action（副次的アクション）

⑨Timing（タイミング）
⑩Exaggeration（誇張）
⑪Solid Drawing（立体感のある絵）
⑫Appeal（訴求力）

色彩・美術

映画は1958年『白蛇伝』、テレビは1965年『ジャングル大帝』から日本国内で始まったアニメのカラー化ですが、当初大変手間のかかる作業でした。それもあって専門的知識が必要とされ、本書の用語・項目でも「制作」「作画・演出」に次ぐ数を収録しています。「色彩」は1990年代後半からデジタル化されることで大きな変化が起きました。セル画が生産中止となりコンピューター上での作業が主流になったのです。「美術」にもデジタル化の波は押し寄せ、作画に先駆けて2000年代からペンタブレットでの背景作業がスタートしています。それに伴い、「色彩・美術」は志望者に対する門戸が大きく開かれるようになり、最初に色彩（ペイント）を学んでから他のジャンルに移行するというキャリアアップも生まれています。

あ

◆**アブノーマル色**【あぶのーまるいろ】　夕景・夜景など通常の設定の色彩（ノーマル色）と異なる、特別・特殊な場面設定の色彩のこと。ノーマル色から変更された色彩デザインのこと。㊨Abnormal

◆**アンチエイリアス**　デジタル画像でのジャギー（ギザギザ）を目立たなくさせる方法。斜線や曲線などのエッジをよりスムーズに処理する機能。Photoshopなどの画像レタッチソフトウェアを用いて、ジャギーが生じているピクセルとピクセルの間に中間色を配して滑らかな線に見せる。「スムージング」とも言う。㊨Anti-Aliasing

い

◆**イメージBG**　抽象的に描かれた背景、イメージ風景。キャラクターの心象風景や心理状態を描写するときなどに使われる。

◆**色温度**【いろおんど】　色温度とは、太陽光や自然光、人工的な照明などの光源が発する光の色を表すための尺度のこと。単位はケルビン（K）。

◆**色変え**【いろかえ】　→色決め

◆**色決め**【いろぎめ】　夕景・夜景など通常の設定と異なる、特別・特殊な場面設定での色彩になじむよう、ノーマル色から変更された配色デザインのこと。

◆**色香盤表**【いろこうばんひょう】　色彩設計に基づいたシーンに必要な色の一覧表。

◆**色指定**【いろしてい】　カットごとにキャラクターの顔や洋服などの彩色するときの色を決める作業。またはその担当者。

◆**色指定表**【いろしていひょう】　キャラクターのシーンごとのカラーモデルのこと。色BOX（ハイライト／ノーマル／一段カゲ／二段カゲの色が四角の中に塗られている）＋カラーモデルの構成になっている。

◆**色深度**【いろしんと】　1画素が表示できる色の数のこと。「ビット深度」とも言う。深度が高いほどたくさんの色を表示可能で、より自然で滑らかなグラデーションを実現できる。8bit（256色）以上あれば「フルカラー」と言う。㊨Bit

Depth
- **色付き**【いろつき】　アフレコや編集などに使用する映像に色がついていること。完成映像に近い状態。色がついていない線画の場合は「線撮（せんさつ）」。
- **色の三要素**【いろのさんようそ】　明度、色相、彩度の3つの要素のこと。
- **色パカ**【いろぱか】　彩色の塗り間違いがあると、その部分の色がチカチカと（パカパカと）点滅するように見えるため「色パカ」と呼ばれる。単に「パカ」とも呼ぶ。彩色のデジタル化にともない減少し、発見しやすく、直しやすくなった。
- **色パラ**【いろぱら】　→パラ（「作画・演出」のカテゴリーを参照）
- **色味**【いろみ】　微妙な色の違い、ニュアンスを伝えるときに使う言葉。
- **色見本**【いろみほん】　シーンごとのキャラクターカラーモデルのこと。色BOX（ハイライト／ノーマル／一段カゲ／二段カゲの塗り見本）＋カラーモデルの構成になっている。

う

- **打ち込み**【うちこみ】　各カットの原画に色指定を書き込むこと。

え

- **エアブラシ**　彩色の作業の1つで、塗り分けの境界が滑らかなグラデーションになるよう処理すること、もしくはそのためのツール。現在ではソフトを使用したコンピューター上の作業となっている。英Air Brush

お

- **オスマスク**　残しておきたい（抜きたい）部分を黒塗りしたマスクのこと。
- **オール**　色指定時に各RGB値が同じ時の表示方法。例：R20、G20、B20の場合は「20オール」

か

◆**階調**【かいちょう】　一般的には、画像・映像の明暗や濃淡の見え具合を指す。デジタルアニメーションでは、作画された線画（動画）を、白から黒までの濃淡を持つ画像データに変換した状態。彩色作業中も実線は常に滑らかである。㊥Gradation

◆**階調割れ**【かいちょうわれ】　グラデーションのような滑らかなトーンを持つ画像を表示したときに、階調表現能力の不足などが原因で発生する等高線のような縞模様のこと。マッハバンド効果によって階調の境界が強調されるために生じるもので「バンディング」とも言う。

◆**描き込みBOOK／書き込みBOOK**【かきこみぶっく】　本来は複数枚に描き分ける背景素材を1枚にまとめて描き込むこと。

◆**画素**【がそ】　画像表示の際の最も小さい単位。ディスプレイの画面は小さい画素（ピクセル）の集合体。㊥Pixel Element

◆**カブセ**　仕上リテイク作業の1つ。訂正するセルの上に修正部分のセルを重ねる。デジタルでも同様の作業がある。

◆**加法混色**【かほうこんしょく】　色の表現において、三原色（レッド／Red、グリーン／Green、ブルー／Blue）の光を使ってさまざまな色を再現する方法。

◆**カラーデザイン**　キャラクターなどの色味を決める重要な資料。

◆**カラーチャート**　色見本のチャート、一覧表。作品に使用する色を、明暗や色相などの順で並べ、それぞれ固有の名前をつけて特定する。㊥Color Chart

◆**カラーモデル／色設定**【からーもでる／いろせってい】　色の差違を数字で示す体系で色空間（RGB、XYZ、Labなど）のこと。㊥Color Model

◆**仮色**【かりいろ】　美術のイメージボードが上がらないときや、キャラクターの色が決定していないときに使用される仮に決められる色。

く

◆**グラデーション**　色調・明暗などの段階的変化。階調。㊥Gradation

◆グレースケール　白から黒まで段階的に配置されたモノクロの階調表。フィルムの感度測定や撮影、印刷の条件設定に使われる。㊥Gray Scale
◆黒線【くろせん】　→主線

け

◆原色【げんしょく】　混じり気のない、純度の高い色。強く派手な色。混ぜ合わせることで、ほとんどの色をつくることが可能。「色の三原色」と「光の三原色」がある。㊥Primary Color
◆減法混色【げんぽうこんしょく】　三原色（シアン／Cyan、マゼンタ／Magenta、イエロー／Yellow）の染料・顔料を使って混色を行う方法。

こ

◆コントラスト　「対照」「対比」のこと。画像の階調（濃淡・明暗）の強弱を指す。㊥Contrast

さ

◆彩色【さいしき】　→仕上
◆彩度【さいど】　色の三属性の1つで鮮やかさを測る尺度。㊥Saturation, Chroma
◆三原色【さんげんしょく】　色の基礎となる「レッド／Red」「グリーン／Green」「ブルー／Blue」の3つの色のこと。㊥Three Primary Colors

し

◆仕上【しあげ】　彩色のこと。色指定、動画スキャン、セルの彩色、セル検査

などの作業を含む。「彩色」「トレスペイント」「色TP」とも呼ばれる。トレスペイントを略した「T.P.」とも表記される。

◆**仕上検査**【しあげけんさ】　「仕検」と略される。色指定の最終工程で、仕上の塗り間違いや塗り漏れがないかをチェックすること。「色彩検査」「セル検査（セル検）」とも呼ばれる。

◆**色域**【しきいき】　色の再現可能領域のこと。フィルム、モニター、印刷インキにはそれぞれ再現できない色がある。NTSCテレビ信号は、RGBやコンポーネントビデオ信号よりも色域が狭く、再現できない色があるため、色域の確認が必要。㊥Gamurt

◆**色彩**【しきさい】　色のこと。

◆**色彩検査**【しきさいけんさ】　→仕上検査

◆**色彩設計**【しきさいせっけい】　作品中のキャラクターや物体の色を決める作業。もしくは、担当するスタッフのこと。「色設定」とも言うことがある。

◆**色材の三原色**【しきざいのさんげんしょく】　色材（絵の具）の三原色のこと。シアン（Cyan）、マゼンタ（Magenta）、イエロー（Yellow）で構成される。原理上、すべての色をかけ合わせると黒になるが、実際には純黒の再現は難しく、印刷の場合にはブラック（Key Plate）のインキを併用する。

◆**色相**【しきそう】　色味、色の様相の違い。㊥Hue

◆**仕検**【しけん】　→仕上検査

◆**実線**【じっせん】　→主線

◆**地塗り**【じぬり】　背景などを描く準備として白や対象の基本色を下塗りすること。

◆**ジャギー**　ディスプレーで画像を拡大するときや、プリンターで印刷したときに現れる輪郭のギザギザ部分。㊥Jaggy

◆**主線**【しゅせん】　動画作画時に黒鉛筆で作画された線のこと。スキャナーで取り込んで、主線レイヤーに表示する。「実線」「黒線」とも言う。

◆**準組み**【じゅんぐみ】　主にレイアウト上で指示される組み線の位置を指示する線。背景スタッフが背景素材を制作するときには準組み線を目安にする。

◆**ショックBG**　スピーディなイメージや、一瞬の心理、早いアクションなどを表現するカットに使う、鋭い線や筆タッチなどを多用した背景。

◆**シーンカラー**　夜、夕景など、ノーマル色を使えないときの色指定のこと。

す

◆**スムージング** 英Smoothing →アンチエイリアス

せ

◆**セル組みを切る**【せるぐみをきる】 上にあるセル画を、下のセルのキャラクターや物体の配置に合わせて組み合わせること。デジタル処理では実際のセルからマスクを作れるため、正確に絵を切り抜く（合わせる）ことが可能。
◆**セル検**【せるけん】 →仕上検査
◆**セル検査**【せるけんさ】 →仕上検査
◆**全カゲ**【ぜんかげ】 キャラクターや物全体がカゲ色の状態。全部カゲ色ということ。

そ

◆**測色**【そくしき】 専用の色彩測定士による科学的色彩測定。測定結果はXY座標値やLab座標値などの数値として表される。英Colorimetry

た

◆**試しヌリ**【ためしぬり】 色指定をするために試しに塗ってみること。

と

◆**特殊効果**【とくしゅこうか】 仕上作業の最終段階として、細部の色彩を調整する。

ベタ塗りに対してカゲやツヤなどをつけることが多い。またはその担当者を指す。「特効」と略す。撮影で同様の工程を行うこともある。頬ブラシも1つの特効。㉓Special Effects
◆**特効**【とっこう】　→特殊効果
◆**トレスペイント**　→仕上
◆**トーン**　「彩度」と「明度」を組み合わせた色のイメージのこと。㉓Tone

な

◆**なめカゲ**　奥行きを出すため、画面手前の人物・物などを濃いカゲ色で塗ること。

に

◆**二値**【にち】　画像データが真っ白と真っ黒の2色しかない状態のこと。作画された線画（動画）をスキャンして、2色だけの画像データに変換した状態。RETASで特に多用されるが、境界の実線がギザギザになるため、彩色後、アンチエイリアス（スムージング）処理が必須となる。
◆**二値化**【にちか】　スキャンした動画の線を、白か黒かの2種類どちらかのドット（点）にすること。灰色のグラデーションをつけるとペイントが難しくなるため、2色だけの画像データに変換する。

ぬ

◆**ヌキ**　色を塗らないように指定すること。または何も塗らず透明なままの部分のこと。塗らない部分を「×」記号で指示することで判別が難しい部分を明確にする。アナログ時代には、セルを透明に保つことが重要だったため大事な指示の1つであった。デジタルでは何も塗らない透明（255オール）部分を指す。
◆**塗りあふれ**【ぬりあふれ】　彩色指定範囲外に色があふれること。

◆**ヌリバレ** 彩色が塗り足りない部分、あるいは絵の書き足りない部分がわかってしまうこと。「塗り足りないのがバレてしまった」の意味。

の

◆**ノーマルカラー** →ノーマル色
◆**ノーマル色**【のーまるしょく】 登場キャラクターなどのために色彩設計スタッフがデザインする基本的なカラーデザイン、配色基準。この色をもとにして、影やハイライト、夕景時・夜間などのバリエーションが決められる。「ノーマルカラー」とも呼ばれ、「ノーマル」と略すこともある。㊥Normal

は

◆**背景**【はいけい】 作品の背景画のこと。「背景美術」「美術」、また「Background」の略である「BG」と呼ばれる。
◆**背景合わせ**【はいけいあわせ】 背景画に合わせてセルの色を決めること。
◆**背景美術**【はいけいびじゅつ】 背景を描く仕事。美術設定完了後、背景原図をもとに作成された美術ボードを参考に背景を描き起こす。「背景」「美術」とも呼ばれる。
◆**ハイコン** 通常のノーマル色より明暗に富んだ2色の強調色を使い、強い光を浴びているキャラクターなどを表現すること。「ハイコントラスト」の略。
◆**ハイコンBG** 光と影をオーバーに表現する方法。爆発などの表現に使われる。
◆**パカ** 映写時に、映像が明滅（チカチカ）して見える感じを表した言葉。塗り間違いによる「色パカ」、線の太さの不統一による「線パカ」がある。デジタルでもスキャン時の解像度の置き換えによる線パカが発生する。
◆**はがし** 紙を使った背景制作手法の1つ。背景が乾く前に、紙（新聞紙・ラシャ紙・画用紙など）を乗せてからはがすと、地面や岩などを表す独特の質感が得られる。
◆**ハーモニー** 「セルと背景が調和した絵」、またはその演出（技術）の方法を

指す。一般的には「止め」において使用されることが多く、元の場面の次のカットを「オーバーな感情表現や強調した動きを加えた画面」に急に置き換えて見せる手法。通常、アニメ制作においてセルと背景は別々の素材として存在しているが、ハーモニーカットではタッチをつけた「トレス線だけの原画」を準備し、美術側で背景だけではなくキャラも含めて描き、その後、準備された「トレス線だけの原画」を背景の上に重ね置きして、全体をなじませて完成させる。現在は、撮影や仕上のデジタル工程でも同じような特殊な表現加工をすることができるため、定義が「水彩画のような特殊な強調されたカット」のように幅広くなってきている。

◆**バンディング**　㊅Banding→階調割れ

ひ

◆**ピクセル**　コンピューター画像における色情報 (色調や階調) の最小単位、最小要素。ディスプレイの画面は小さいピクセルの集合体でピクセル数が多いほど画像が鮮明になる。㊅Pixel

◆**美術設定**【びじゅつせってい】　作品に登場する建物、風景、時には小道具などの背景を、色々な角度から描く設定作業。美術が担当するが、作画との共同作業もある。単なる設計図（展開図）としてだけではなく、雰囲気をつかめるイメージが求められる。「美設」と略す。

◆**美術ボード**【びじゅつぼーど】　美術設定をもとに美術監督が各シーンの舞台を想定し、色彩までつけたボードのこと。背景スタッフにとっては色彩見本であり、色彩設定・色指定スタッフにとってはカラーデザイン資料となる。

◆**美設**【びせつ】　→美術設定

◆**ビット深度**【びっとしんど】　→色深度

◆**ビットマップ**　ピクセルの集まりで表現されたデジタル画像のこと。また、BMP 画像フォーマットのことを指す。㊅Bitmap

◆**昼色**【ひるいろ】　昼の場面におけるキャラクターの色のこと。

ふ

◆**ブラシ** 「エアブラシ」の略。
①微妙な質感をつける特効の作業の1つ。
②彩色作業では、塗り分けの境界が滑らかなグラデーションになるように処理すること。
本来〈ブラシ〉は絵筆や刷毛の意味だが、商業アニメがスタートした初期にエアブラシを「ブラシ」と略してしまったため、今になってPhotoshopなどのブラシツールとの整合性がなくなってしまった用語。
◆**ブレンド** 彩色の作業の1つで、2色間の塗り分けの境界が滑らかなグラデーションになるような処理。㊥Blend

へ

◆**ペイント** 「彩色」「仕上」に同じ。
◆**ベタ** セル全体、あるいはその広範囲を1色に塗ること。ベタ塗り。

ほ

◆**ボケBG** 輪郭を不明瞭に仕上げた背景。影も不明瞭になる。
◆**補色**【ほしょく】 色相環 (Color Circle) で正反対に位置する関係の色の組合せ。補色を同量混ぜ合せると光の場合には白となり、絵の具の場合には黒になる。㊥Complementary Colors

ま

◆**マッハバンド効果**【まっはばんどこうか】 人間の視覚特性の1つで、微妙に濃淡

の異なるグレーの領域においては、暗い領域の境界界隈はより暗く、明るい領域の境界界隈はより明るく強調されて見える、錯視の一種。㊥Mach Band Effect

め

◆**明度**【めいど】　色の明るさのレベルを表す。有彩色では黄色が最高の明度。無彩色にも明度差があって、白は最高で黒は最低。㊥Value

◆**メスマスク**　残しておきたい（抜きたい）部分以外を黒塗りしたマスクのこと。

も

◆**モアレ**　スクリーントーンのような規則的な縞模様を重ね合わせたときに発生する縞（しま）状のもの。フランス語の波型模様（Moiré）に由来する。

◆**モノトーン**
①単調であること。一本調子。
②単一色の濃淡・明暗を用いた表現。

ゆ

◆**夕景色**【ゆうげしき】　夕方の場面におけるキャラクターの色のこと。

よ

◆**夜色**【よるいろ】　夜の場面におけるキャラクターの色のこと。

欧文

◆**BG** →背景
◆**BGボード** 美術設定をもとに美術監督が各シーンを想定して、色彩を加えた素材のこと。背景スタッフにとっては色彩見本、色彩設定・色指定スタッフにとってはカラーデザイン用資料となる。「美術ボード」とも言う。

▲ BGボード　　　　　　　　　　　　　　　　　　　　　© RoboMasters

◆**BL** 黒（Black）のこと。
◆**BLヌリ** 黒く塗る部分を指定すること。絵の具の「Black」の略。
◆**BOOK** BG（背景）の一部分を抜き出して描いたもの。セルの上に重ねて立体感を出す目的などに使う手法。セルに直接描いて重ねる場合もある。「組み」で処理するには複雑すぎるため、作画が困難な場合などに使用される。
◆**CMY** 色の3原色である「シアン／Cyan」「マゼンタ／Magenta」「イエロー／Yellow」のことで、これらを混ぜ合わせることで原則的にすべての色の表現が可能となる。3色すべてを加えると黒になるが、実際にはインキや絵の具を混ぜても、成分などの理由から黒にはならないために、「黒／Key Plate」を加えて「CMYK」と呼ぶのが一般的。
◆**CMYK** 色の3原色である「シアン／Cyan」「マゼンタ／Magenta」「イエロー／Yellow」の3色に黒（Key Plate）を加えたもの。モニターやディスプレイ用の表示に使われるRGBに対して、印刷業界で標準的に使われている。
◆**HI** ハイライト。光を当てて強調したい部分のこと。

◆**T.P.** →仕上
◆**RGB** 光の三原色のこと。「レッド／ Red」「グリーン／ Green」「ブルー／ Blue」で構成され、この三原色の比率を調整しながら混ぜ合わせるとあらゆる色の表現が可能。3色すべてを混ぜ合わせると白になる。

数字

◆**24bitカラー** RGB三原色のそれぞれに8bitの256段階を割り振った画像のこと。1677万7216色を表示できる。

撮影

「CG」や「技術」などと重なる部分も多い「撮影」のカテゴリーです。1990年代後半からデジタル化の波を受けたアニメ制作で、一番変化したのが撮影部門でした。500kgもある撮影台の上で行われるアナログカメラによるセル画撮影には熟練の技を必要とされ、一人前の技師となるのは数年以上のキャリアが必要でした。ところが撮影用のソフトウェアが開発され、コンピューター上で撮影が可能になった途端、劇的な変化が訪れました。それまでの知識や経験は不要となり、ソフトウェアとコンピューターに対する理解や技術が求められるようになりました。その結果、撮影が一番人員の入れ替わりが激しい部門となったのです。撮影も色彩・美術同様、志望者の受入間口が広がった部門となりました。そこでキャリアを積み重ねてCG関連や演出に進むキャリアアップも生まれつつあります。

か

◆**解像度**【かいぞうど】 ディスプレイや表示デバイスにおける画像密度、鮮明度の数値。単位はdp（Dot per Inch）で、1インチあたりのドット数が多いほど解像度が高く、滑らかできれいに見える。HDTV（High Definition Television）対応の映像制作では、より高い解像度が求められる。画像の縦横のピクセル数、ピクセルサイズを意味することもあり、使われる文脈により意味が異なる場合もあるため注意が必要。

◆**画角**【がかく】 カメラに被写体が映る範囲を角度で表したもの。レンズの焦点距離が長くなるほど画角が小さくなる。「画郭」と間違えやすいので注意が必要。㊥Angle of View

◆**画郭**【がかく】 スクリーンサイズ、縦横の寸法のこと。映画の世界では、撮影範囲や映写範囲などの規格が定められている。「画角」と間違えやすいので注意が必要。㊥Image Area

◆**カメラアングル** 被写体に対するカメラの角度。「ローアングル」「ハイアングル」「フラット」「フカン（俯瞰）」などがある。㊥Camera Angle

◆**カメラポジション** 被写体とカメラの距離関係。「フルショット（全景）」「ロングショット（遠景）」「ミディアムショット（中景）」「クローズショット（近景）」などがある。㊥Camera Position

◆**間接光**【かんせつこう】 光源から直接照射されるのが直接光、壁や天井といった物体に反射して入射するのが間接光。現実空間の照明では直接光と間接光が混在しているが、3DCGでこの現象を再現する場合には、グローバルイルミネーション（GI）を用いる。㊥Indirect Light

き

◆**魚眼レンズ**【ぎょがんれんず】 対角線画角が180度以上の画角を有する特殊レンズ。魚にはきっとこのように見えている、という印象からつけられた名前。等距離射影方式・立体射影方式・等立体角射影方式・正射影方式などの射影方式

を採用し、広い画角を得たレンズ。普通のレンズは中心射影方式。

く

◆**黒コマ**【くろこま】　黒いレイヤーを作り、画面全体を黒く見せるコマのこと。白コマと組み合わせて使われることが多く、爆発などの衝撃を強調したりする。

け

◆**消し込み**【けしこみ】　→撮影消し込み
◆**原撮**【げんさつ】　「原画撮り」の略。アフレコをするための映像が完成していないときの緊急手段で、彩色されていない線描状態の原画を撮影すること。タイムシートの演出チェックが必要。

こ

◆**広角レンズ**【こうかくれんず】　標準レンズより短い焦点距離を持ったレンズのこと。一般的に焦点距離35mm以下のレンズのことを言う。また24mm以下のレンズを「超広角レンズ」と呼ぶ場合もある。
◆**コマ**
①映像における時間軸上の構成単位のこと。映画は毎秒24コマ（フレーム）、日本やアメリカのテレビは毎秒30コマ（フレーム）。
②アニメのタイムシート上の縦に並ぶマスの単位で、1秒は24コマ。使用例：2コマ打ち
③マンガ、写真、映画における絵・画像の最小単位。
④フィルムに記録された1枚1枚の画像で、1フレームのこと。
◆**コマ数**【こますう】　1秒間当たりのコマ（フレーム）数のこと。映画は24コマで撮影されている。
◆**コマ撮り**【こまどり】　静止している状態の物体を、1コマ1コマ動かしながら

撮影し、それを繋ぐことで、動いているように見せる映像の手法。「ストップモーションアニメ」のこと。㊤Single Picture Shooting
◆**コンテ撮**【こんてさつ】　→Vコン（「制作」のカテゴリーを参照）
◆**コンポジット**　㊤Composite → 撮影（「制作」のカテゴリーを参照）

さ

◆**撮影消し込み**【さつえいけしこみ】　1コマずつ巻き戻して、セルに描いた絵を撮影時に少しずつ消していく手法。セルに雪の上の足跡を描き、リバース（逆転）撮影で人の歩きに合わせてそれを消し込んで撮影すると、人が歩いた後に足跡が残って行くように見える。「消し込み」とだけ言うこともある。
◆**撮影効果**【さつえいこうか】　→特殊効果（撮影）
◆**撮影台**【さつえいだい】　背景画とセル画を重ねて35mmなどのカメラで撮影する装置で、アナログ時代に使われていた。ディズニーが1930年代に開発したマルチプレーンカメラはセルアニメーションを立体的に見せる撮影装置として有名であった。
◆**三点照明**【さんてんしょうめい】　CG制作でも広く応用されている伝統的なライティング理論。対象の立体形を表現するためには、影の部分にも光を当て、ディテールを見せる必要がある。最も明るい光量で対象を照らすのが「キーライト」、影の部分に当てる補助光となるのが「フィルライト」、対象の輪郭を強調し背景から浮き立たせるのが「バックライト」で、この3個のライトで構成されている。㊤Three-Point Lighting

し

◆**シート打ち**【しーとうち】　タイムシートの情報をAfter Effects上に入力する工程。
◆**ジャダー**　パン（PAN）などのカメラワークや、2-3プルダウンなどの映像処理を行ったときに、動きがガタついて見える現象。㊤Judder

す

◆**ストロボ**　アニメーションの撮影テクニックの1つ。連続した短いオーバーラップで繋ぐことで、動きの残像を発生させる多重露出撮影の一種。重なり合って動いているように見える。㊥Strobe

◆**スーパー**　→スーパーインポーズ

◆**スーパーインポーズ**　「複数のものを重ね合わせる」という意味の英語で、映像フィルムの上に字幕（フィルム）を重ねて焼き付けたことから、こう呼ばれるようになった。転じて、フィルムに限らず映像に文字や図形などを重ねること、または重ねたものもそう呼ぶようになった。露出のパー数値にもよるが、明るく透けた感じが出せるため、薄いカーテンやレースのベール、ガラスへの空や雲の映り込み、雨、光、雪などに多く使われる。スーパーインポーズを略して「スーパー」、スーパーインポーズでつけられた字幕を「字幕スーパー」と呼ぶ。㊥Superimpose

▲スーパーインポーズ　　　　　　　　　　　　　　　　© RoboMasters

◆**スライド**　背景を水平に移動させる撮影方法の1つ。㊥Sliding

せ

◆**線撮**【せんさつ】　アフレコのために、止むを得ず途中段階の素材を使って撮影すること。「コンテ撮」「レイアウト撮」「原（画）撮」「動（画）撮」「タイミング撮」の総称。

◆**線撮り**【せんどり】　→線撮

た

◆**タイミング撮**【たいみんぐさつ】　撮影時、一部素材が不足し本番撮影ができない場合、仮で完成済みの素材のみを使って撮影すること。一見すると完成のように見えるため、間違わないように「タイミング」と画面上に表記される。

◆**ダブラシ**　多重露光を使った撮影方法の１つ。カットを２回に分けて露出し、部分的に露出不足で半透明にして、地面のカゲを表現したり、サングラスを透けさせる。スーパーインポーズより色が出やすくなるのが特徴。デジタルでは類似手段として「乗算」を使用する。「ダブルエクスポージャー／Double Exposure」の略。「Wラシ」とも表記する。

▲ダブラシ

© RoboMasters

と

◆**透過光**【とうかこう】 背景の後ろから透過してくる光をフィルムに合成する撮影方法のこと。車のライトやレーザービームなどで多用される。「T光」と略す。
㊥Back Lighting

◆**透過光スーパー**【とうかこうすーぱー】 下が透けて見える透過光のこと。

◆**動撮**【どうさつ】 線撮（せんさつ）の一種。アフレコ時までにフィルム完成が間に合わないときに、動画を撮影して代用する。原（画）撮よりは最終画面に近い段階のため、完成版に近い状態である。

◆**同ポ**【どうぽ】 →同ポジション

◆**同ポジション**【どうぽじしょん】 同じ構図を複数カットで使用する場合に指示する用語。「同ポジ」「同ポ」と略す。㊥Same Position

◆**特殊効果（撮影）**【とくしゅこうか（さつえい）】 撮影時にセルに加えられる様々な視覚効果。主にPhotoshopやAfter EffectsなどのAdobe Systems社ツール上で処理が行われる。「撮影効果」とも呼ばれる。色彩にある同名の工程とは異なり、「特効」と略されることはない。また、作業担当者も「特殊効果」と呼ばれることはない。

な

◆**波ガラス**【なみがらす】 表面が波状に磨かれたガラス板（またはプラスチック板）。画面全体もしくは部分的に（アナログ不可、デジタル可）水や空気を波のように歪めたいときや、ゆらめかせたいときに使う。または処理そのものを指す。

に

◆**入射光**【にゅうしゃこう】 透過光スーパーの一種。カメラの外（画面外）から差

し込んできたように見える透過光のこと。

は

◆**パンフォーカス**　被写界深度が極端に広く、近くのものから遠くのものまでフォーカスが合っている状態のこと。実写では理想的な撮影状態とされる。PANはギリシャ語で「すべての」という意味の接頭語。㊥Pan Focus, Deep Focus

▲パンフォーカス

ひ

◆**被写界深度**【ひしゃかいしんど】　カメラレンズの焦点（フォーカス）が合う範囲のこと。厳密に言うとピントの合っている場所は1点であるが、その範囲が広ければ「（被写界）深度が深い」、狭ければ「深度が浅い」と表現する。㊥Depth of Field

◆**ピン送り**【ぴんおくり】　撮影時、被写体の距離に合わせ、レンズの焦点距離を

任意に変えること。「フォーカス送り」とも言う。
- **ピント** →フォーカス
- **ピンボケ** ピントが合わずにボケていること。㊥Out of Focus

ふ

- **フェアリング** ゆっくり動き出す、または止まる時に、滑らかで自然な加速感・減速感を設計することや、その動きのこと。カメラワークでは、スムーズに見せるためにPANやスライドの始点や終点のスピードを調節すること。動きを創造するあらゆる工程で必要とされる。「クッション」とも呼ばれる。㊥Fairing
- **フォーカス** ㊥Focus
ピント、焦点の意味。カメラ撮影において被写体に焦点を合わせることを「フォーカスを合わせる」と言う。他にも「フォーカスをずらす」「フォーカスを送る」のような使い方をする。
パンフォーカス（Pan Focus, Deep Focus）は被写界深度が深くなるように設定し、近景から遠景まで、画面すべてに焦点を合わせる撮影方法。人間の視覚に近いリアリティのある表現となり、シャープな印象を与えることができる。パンフォーカスで撮影する場合は、広角レンズを用いて絞りを絞るのが基本的な方法。
シャローフォーカス（Shallow Focus）は被写界深度が浅くなるように設定し、主題となる被写体の部分だけに焦点を合わせ、手前や背景をぼかす表現方法。焦点の合った部分だけに視線を誘導できるのに加え、ぼかすことによってやわらかい印象を与えることも可能。
もとはオランダ語の「Brandpunt」で、意味もそのまま焦点である。
- **ブラー** ぼかしフィルター、またはそれによる画像効果のこと。すりガラスのような、ぼかしやにじみのように見せたいときに使う。㊥Blur
- **フリッカー** PAN（「作画・演出」のカテゴリーを参照）などの移動撮影をした際に画面全体、またはキャラクターなどが、ちらつく、あるいは戻って見えたりすること。絵柄や引きスピードなどの要因が複雑に絡み合って起きるので、原因を特定することが難しい現象。㊥Flicker

◆**プレビュー**　内容をチェックするための試写。㊥Preview
◆**ブローアップ**　画面を拡大すること。またはピクセルサイズの小さな映像をより大きく変換することを指す。㊥Blow Up

ほ

◆**ボールド**　㊥Bold
①アニメでは、カット素材を区別するために、映像の冒頭（カット頭）に必ず挿入する静止画のこと。カット番号、テイク数、長さ、担当者などが記入されている。編集するときに必要。
②「線撮（せんさつ）」では、完成映像に盛り込まれるはずのセリフ、画像処理などのタイミングを示すために画面中に挿入する文字のこと。
③映画撮影のスタート時に鳴らす「カチンコ」。
◆**ホワイトバランス**　白いものが白く写るように色の補正を行う機能のこと。同じ紙を晴れた屋外と、室内の白熱電球のもとで見たときでは、その白さは異なる。これは、紙に当たる光の性質が異なるためである。写真撮影やビデオ撮影の照明光源には太陽や、様々な人工照明がある。それらの照明のスペクトル分布は多様で、環境順応性を持つ人間の視覚と違い、撮影される画像はその光源の性質に直接影響を受ける。そのためフィルターや各種調整機能によって基準となる白を調整する必要がある。㊥White Balance
◆**本撮**【ほんさつ】「本番撮影」の略。セル、背景、エフェクトなど、すべての素材が揃った状態での実際に放送する映像の撮影のこと。

ま

◆**マスク**　㊥Mask
①画像処理ソフトが持つ機能の1つで画像の一部を保護すること、またはそのためのデータ。マスク機能は、αチャンネル（「技術」のカテゴリーを参照）の性質を利用し、保護したい部分を塗りつぶすとそれがマスクとなる。
②映画の場合、マット合成、アイリス、ワイプなどに使用される黒色の非感光

体のこと。通常、オスとメスがあり、これを利用して画面の転換などを行う。

も

◆**モーションブラー** 動いている対象をカメラで撮影したときに生じるボケ、ブレのこと。高速に動く物体を自然に見せたり、静止画に躍動感を与えることができる。㊥Motion Blur

◆**モーフィング** デジタルエフェクトを使って、ある絵から別の絵へと変形、変身、デフォルメさせること。「モーフ」と略されることもある。作画でアナログに変身、変形させるのは「メタモルフォーゼ」と呼ばれる。㊥Morphing

れ

◆**レイアウト撮**【れいあうとさつ】 線撮（せんさつ）の一種で、レイアウトを素材として撮影する。タイムシートの作成が必要。

ろ

◆**露出**【ろしゅつ】
①After Effects上で光源から光を当てる量を調整すること。もともとはカメラ用語で、レンズやピンホールを通ってきた光を撮像素子やフィルムに当てること。光を当てる量（露光量）を指すこともある。露光量は露出計の数値を目安にしてシャッタースピードと絞りで決定する。
②マスメディア、特にテレビに取り上げられること。

欧文

◆**After Effects** 画像合成・エフェクト・モーショングラフィックス用のソ

フト。多機能で、ほかのAdobe Systems社製ソフトとの操作性が統一されているため撮影の標準ソフトとして制作現場で使われている。After Effectsに対応する様々な別売りプラグインソフトがある。略称は「AE」。

◆**DFフィルター** 「Diffusion Filter／ディフュージョンフィルター」の略称で、After Effectsなどのソフトウェアによって画面が滲んでいるような効果を出せる加工処理のこと。

◆**FPS** フレームレートの単位。「毎秒○○フレーム」は「毎秒○○コマ」と同じ意味。㊎Frames per Second

CG

「CG」は一番革新が進んでいる分野です。膨大なCG用語が世の中には存在しますが、その中でもアニメ制作に携わるスタッフが覚える必要性が高い用語・項目を掲載しています。今後は、その数を増やしていくものと思われます。アニメーションの進歩は常に技術革新と共にありました。1910年代にセル画やタップが発明され、1930年代にはトーキーシステムやカラー映画といった変革を起こしてきたアニメーションですが、その後半世紀ほどはさしたる進歩がなかったところに誕生したのが、世界初のフルCGアニメーション『トイストーリー』でした。1995年に発表されたこの作品によってアニメーションの革命が起こり、全く新しいアニメーションの制作手法が誕生したのです。それから25年を経た現在、世界中で手描きアニメからCGへの転換が進んでいますが、手描きアニメにとってもCGに関する知識は常識になっており、その技術革新には常に注目する必要があります。

あ

◆**アセット**　㊤Asset
①制作に必要な各種素材データのこと。主に3DCG映像の制作で使われる言葉で、3DCGのモデルデータ、アニメーションデータ、音声データなどを指す。
②映像制作環境を構成するハードウェア、ソフトウェアをアセットと呼ぶこともある。

お

◆**オブジェクト**　㊤Object
①もの・物体の意味
②制作工程のひとかたまりのデータ。
③3DCGの場合は3D空間内の物体、モデルデータ。

か

◆**カメラマッピング**　㊤Camera Mapping　→パースマッピング
◆**カラースクリプト**　3DCGアニメーション用語。映像をシーン単位に分解し、各シーンの配色やライティングを表現したもの。アナログで言うならば各カットの色彩設定。本格的な映像制作を開始する前に、シーンの繋がり、全体のバランスなどを確認する目的でつくられる。㊤Color Script

き

◆**キャプチャー**　モーションキャプチャーのこと。人間の体にセンサーをつけて3DCGソフトウェアに取り込み、CGキャラクターの動きとして利用する

技術。㊥Capture

こ

◆**コマ抜き**【こまぬき】　コマやビデオのフレームを抜いて、動きの一部を省略する手法。CGの動きをリミテッドアニメーションに近づけるために行われる作業。

し

◆**シェーダー**　シェーディング（陰影処理）計算を行うプログラム。3DCGソフトによるが、特殊な質感を表現するためのプログラムを自由に設計することができる。㊥Shader

◆**シェーディング**　3DCGやイラストレーションなどで明暗のコントラストをつけ立体感を与える技法。物体のモデルデータやカメラ・光線などの情報をもとに物体の輝度や光の濃淡を計算する。もともとは影を表現するための影付け（Shadowing）のこと。

す

◆**スケルトン**　3DCGキャラクターを動かす際に設定する骨格。キャラクター以外であっても、動かす必要のあるモデルにはスケルトンを設定することが多い。モデルの形に合わせて「関節／ジョイント」と「骨／ボーン」を組み合わせることで「スケルトン／骨格」を構築、CGモデルとスケルトンを「スキニング／関連づけ」することにより、スケルトンを操作してモデルにアニメーションをつける。［次ページの図を参照］㊥Skeleton

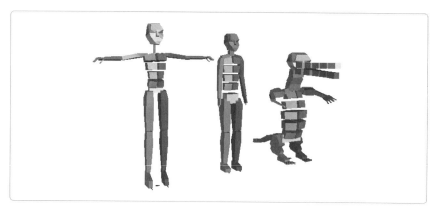
▲スケルトン

せ

◆**セカンダリーアニメーション**　主要なパーツの動きをつけるプライマリーアニメーションに対して、衣服、マント、装飾品、髪の毛、毛などの動きをつけることを指す。
◆**セットアップ**　㊥Set Up →リギング
◆**セルシェーディング**　㊥Cel Shading →トゥーンレンダリング
◆**セルルック**　フォトリアリスティックな表現とは対照的な、トゥーンレンダリングで可能になったセル画アニメ調のCGアニメーション。㊥Cel Look

て

◆**テクスチャー**　3DCGモデルの質感、模様、凹凸などを表現するために用いる画像やデータ。㊥Texture
◆**手付け**【てづけ】　手作業で制作するアニメーションの意味。日本製の造語。After Effects撮影では、プログラムなどを用いず、1コマずつ手作業で画面を調整しながら撮影していくこと。3DCGであればモーションキャプチャーを使わず、手作業で動きや表情などを制作することである。

と

◆トゥーンシェーダー　3DCGをセルルックに表現するためのシェーダーのこと。

◆トゥーンシェーディング　→トゥーンレンダリング

◆トゥーンレンダリング　3DCGの1つで、3次元データから漫画やイラスト風（セルルック風）にレンダリングする技術。最近のアニメ制作では、背景やメカ、キャラクターなどのあらゆる要素にCGが導入されているため、トゥーンレンダリングが必須。「トゥーンシェーディング」「セルシェーディング」と呼ぶ場合もある。

◆バンプマッピング　3DCGモデルの表面に、実際に凹凸はないが、画像を使って凹凸を表現する画像処理技法のこと。

は

◆パースマッピング　カメラ位置から3DCGオブジェクトにテクスチャー素材を向けて投影する、3DCGソフトのマッピング方法のこと。「カメラマッピング」「プロジェクションマッピング」とも言う。英Perspective Mapping

ふ

◆フェイシャル　3DCGアニメーションにおいて顔の骨格、表情をつくること。英Facial

◆フェイシャルキャプチャー　モーションキャプチャーシステムを使って、顔の動きや表情を記録すること。撮影された映像をもとに表情のアニメーションを生成する。

◆プライマリーアニメーション　キャラクターアニメーションに関する考え方の一種で、身体や手足、表情などの主要なパーツに動きをつけることを指す。

副次的なパーツに動きをつけることは、「セカンダリーアニメーション」と呼んで区別する。

◆**フリップブック**
①CGアニメーション制作時に簡易再生できる機能。
②Adobe Systems Photoshop Elementsで作成できるパラパラマンガのような静止画ビデオ。

◆**プロジェクションマッピング**　㊥Projection Mapping
①→バースマッピング
②コンピューターで作成したCGをプロジェクターなどの映写機器で建物や物体、あるいは空間などに対して音と同期させながら照射する技術。

ほ

◆**ポリゴン**　3Dグラフィックにおいて立体を構成する多角形のこと。3DCGでは、ポリゴンを組み合わせて立体物をつくるが、その数が増えれば増えるほど滑らかな面を再現できるようになる反面、データ量が多くなる。㊥Polygon

ま

◆**マッピング**　3DCGモデルの表面に、2Dの画像を貼りつける画像処理技法のこと。㊥Mapping
◆**マテリアル**　3DCGにおける質感や素材の意味。㊥Material

も

◆**モーションキャプチャー**　人間の体にセンサーをつけて、その動きを3DCGソフトウェアに取り込み、アニメーションやゲームのキャラクターで再現する技術のこと。光学式、磁気式、機械式がある。㊥Motion Capture
◆**モデリング**　3DCGソフトを使って仮想三次元空間に立体モデルをつくる

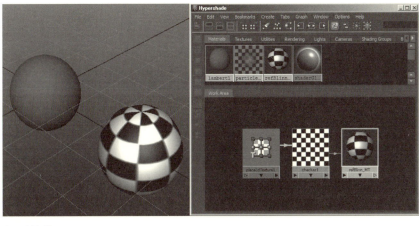
▲マッピング

こと。㊥Modeling

ら

◆**ライティング** 3DCGにおいてさまざまな種類のライト（光源）を設定し、シーンの最終的な見映えを決める工程のこと。

り

◆**リアルタイムCG** ゲーム、VR、イベントなどで用いられる即時に生成（レンダリング）されるCG。これに対して、事前にレンダリングされているCGのことを「プリレンダー」と言う。リアルタイムCGの制作はリアルタイム性を最優先とし、プリレンダーよりも表現精度が落ちるケースがある。そのため制作者には、限られたデータ容量のなかで、最大限の表現をするために様々な工夫が要求される。最近は技術が進歩しており、リアルタイムCGとプリレンダーの格差は徐々に減少しつつある。㊥Real-Time Computer Graphics

◆**リガー** リギング担当スタッフ。㊇Rigger

◆**リギング** 3DCGのデータにリグを設定する作業。モデルとスケルトンを関連づけるスキニングや、IK/FKの設定、ウェイト調整、デフォーメーション設定などが含まれる。アニメーターが直接操作するコントローラーを制作することもある。「セットアップ」とも言う。㊇Rigging

◆**リグ** 3DCGモデルに埋め込むボーン（骨組み）、並びに制御するシステムのこと。キャラクターに設定した「スケルトン」「IK」「FK」「デフォーメーション」などをアニメーターが直感的に操作できるようにするためのシステムやインターフェースのこと。本来の意味は、あやつり人形を操作する棒やひものことである。㊇Rig

る

◆**ルックデベロップメント** 「ルックデブ／Look Dev」と略すことが多い。3DCGモデルの見た目（ルック）を決める工程のこと。モデルにシェーダーやテクスチャーを貼りつけ、パラメーターやノードを調整しながら質感を詰めて行く。シェーダー開発を含む場合もある。㊇Look Development

れ

◆**レタッチ** 画像編集のこと。写真や絵などをデジタル上に取り込んで色調の補正や被写体に手を加える。

◆**レンダーファーム** レンダリングサーバーというレンダリングのみを実行するコンピューターを数台〜数百台集めたもの。高性能のブレードサーバーの他、一般の制作用PCとほぼ同じ構成のPCを使う場合もある。レンダリング管理システムを導入して効率的に運用する必要がある。㊇Render Farm

◆**レンダラー** レンダリングを行うためのソフトウェア。3ds MaxやMayaなどの統合ソフトウェアにはレンダラーが内蔵されている一方で、ピクサーが開発したレンダーマン（RenderMan）のようにレンダリング専用に開発されたソフトウェアもある。㊇Renderer

わ

◆ワイヤーフレーム　枠組みの線だけを使って立体物を表現するコンピューターグラフィックス（CG）の技法。㊤Wireframe

数字

◆3D
①三次元コンピューターグラフィックスのこと。タテ、ヨコの二次元（2D）だけでなく、立体的に描写された三次元の3D画像のこと。日本のアニメ業界で「3D」と言えばこの3D画像のことである。
②両目で別々の映像を見ることで立体的に飛び出す立体映像のこと。近年の映画業界や家電業界などでは「3D」をこの意味で使っている。例：3D映画、3Dテレビ、3Dメガネ

技術

ここで取り上げられている用語・項目は、そのほとんどが映像や音楽の上映、放送、ネットワーク、再生などのためのシステムの定義・規格に関することです。映像の進歩は技術革新と共にあるので、アニメに関わる人間にとってそれに対する理解は欠かせません。かなり専門的な知識になりますが、これらの用語を頭の中に入れておいて下さい。デジタル化に伴うアップデートが頻繁に行われる領域なので常に確認が必要となります。

あ

◆**アスペクト比**【あすぺくとひ】 テレビ・パソコン・映画などの画面やスクリーンの縦横比のこと。かつてのアナログテレビ（NTSC）は、4:3（1.33：1）、ハイビジョン（HDTV）は16:9（1.78：1）。㊥Aspect Ratio

◆**アップコンバート** 通称「アップコン」。ダウンコンバートの逆。SDTV映像をHDTV映像に変換するなど、映像をより高精細な映像規格に形式変換すること。㊥Up Convert

◆**アナモルフィック** ㊥Anamorphic →スクイーズ

い

◆**イーサネット** ネットワーク技術の国際規格。LAN機材やLANケーブルの基本規格で、100Mbps、1Gbps、10Gbpsなど通信速度によって規格が分かれている。㊥Ethernet

◆**色合わせ**【いろあわせ】 →カラーマッチング

◆**インターレース** 放送等における映像の表示方式の1つで、走査線を1本おきに伝送し、1枚の画像を2回に分けて表示させる方式。1回の走査で画面を表示する方式はプログレッシブである。1枚のフレームを、奇数と偶数の走査線に分けて画像処理して表示する。走査線をまたいで処理するために、「飛び越し走査」とも言われる。この分かれた2枚の画像を「フィールド」と呼び、毎秒30フレームのビデオ映像では、奇数の走査線と偶数の走査線が1／60秒単位でずらして画面に映し出され、残像効果によって1枚のフレームとして見える（毎秒60フィールド）。少ない信号帯域でも十分な動きの情報を伝えることができるのが特徴。㊥Interlace

え

◆**エンコード** 「動画データ」と「音声データ」から構成されている映像を圧縮・変換すること。㉓Encode

か

◆**解像度フリー**【かいぞうどふりー】 画像解像度に関係なくソフトがどのデータに対しても同じように動作すること。㉓Resolution Free
◆**可逆圧縮**【かぎゃくあっしゅく】 圧縮前のデータを圧縮後も損なわずに復元することができる圧縮方法のこと。㉓Lossless Compression
◆**画面アスペクト比**【がめんあすぺくとひ】 →フレームアスペクト
◆**カラーグレーディング** ㉓Color Grading →カラーコレクション
◆**カラーコレクション** 映像の色合いを補正・調整する作業。「カラコレ」と略すことが多い。ポストプロダクション会社などにある高機能のカラーコレクション装置は、リアルタイムでの多様な処理が可能。映画の世界では、「タイミング」「グレーディング」「カラーグレーディング」とも言う。㉓Color Correction
◆**カラーバー** カメラ、モニターなどの映像機器の色調整・測定に用いられる映像基準信号のこと。白、黒、R、G、B、Y、M、Cなどの基本的な色成分が表示されている。代表的な規格は「SMPTEカラーバー」「EIAカラーバー」「マルチフォーマットカラーバー」など。
◆**カラーマッチング** 異なる表示装置や映像メディアの間で発色特性が同じようになるよう調整すること。
◆**カラーマネジメント** 異なる映像表示装置で発色特性が同じようになるように管理すること。㉓Color Management
◆**ガンマ** 画像階調の応答特性を示す数値。表示デバイスの明るさが、入力に正比例しない特性を表す数値。モニターまたは画像システム全体の「入力-輝度特性」の非線形性「べき乗」数値で、ガンマが1なら入力と出力は比例する。

多くのモニターでは2前後のガンマである。㊥Gamma

き

◆**キネコ**　ビデオ信号をフィルムに変換すること、またはその逆。
◆**逆2-3プルダウン**【ぎゃくつーすりーぷるだうん】　毎秒30フレームの映像を毎秒24フレームに変換する方式。2-3プルダウンの逆動作。
◆**キャラ入り**【きゃらいり】　映像にタイムコードデータが表示された状態のDVDや映像データのこと。「キャラ入りDVD」「キャラ入りのProRes」、等。

く

◆**クラウドコンピューティング**　インターネットを介して提供されるコンピューター、ソフトウェア、データなどのサービス。ユーザーは、自宅、学校、会社、ネットカフェ、外出先など、様々な環境下のコンピューターやモバイル機器からサービスを利用できる。本来のクラウド（Cloud）は「雲」を意味するが、コンピューターの世界ではネットワーク（主にインターネット）のことを指す。㊥Cloud Computing
◆**クラウドレンダリング**　ネットワークを介してレンダリングサーバーを提供するサービス。必要なときだけ、必要な量のサーバーを調達できるメリットがある。データ転送速度やレンダラーのライセンス管理などに注意する必要がある。㊥Cloud Rendering
◆**黒レベル**【くろれべる】　視覚映像における最も暗い（黒の）部分の輝度レベル、または画面からの発光が全くない、純粋な黒色領域の輝度レベルのこと。モニターでは入力信号がゼロの明るさのこと。ビデオ映像では、輝度信号の振幅がゼロの映像信号レベル。

こ

◆**コーミング** DVカムやテレビ録画した映像を一時停止してみると映像が縞（しま）の目にずれて見えること。ビデオ映像での偶数と奇数の走査線がずれた場合に起こるが、特にインターレース方式のビデオ信号を加工するときに発生しやすくなる。英Combing

◆**コンフォーム** オンライン編集の一形態。オフライン編集で決めた編集意図に従い、未編集のオリジナル映像素材を編集する作業。英Conform

◆**コンポーネント信号**【こんぽーねんとしんごう】 ビデオ映像信号の一種。テレビ映像は輝度信号と2種類の色差信号を分けたまま伝送、あるいは記録する。コンポーネント信号方式は、合成と分離という手順を省略できる分、高画質を実現できる。

さ

撮像素子サイズ【さつぞうそしさいず】 レンズから入ってきた光を電気信号に変換する部品（画像素子）のサイズのこと。デジタルカメラにおけるエリアセンサーの大きさのことであるが、機種によって大きな違いがある。その表現としては素子の対角線距離をインチ、あるいは縦横をミリ数で示すほかに、「スーパー35、フルサイズ、APS-C、フォーサーズ……」などがある。センサーサイズの違いは画角の違いとなるため、撮影目的に合わせたカメラ選択をする必要がある。

し

◆**シンク入れ**【しんくいれ】 業務用テープにシンク（同期信号）とタイムコード情報やコントロール信号等を記録していく作業のこと。「キャラ打ち」とも言う。

す

◆**スクイーズ**　アスペクト比4：3のVTRに16：9のビデオ映像を記録するなど、映像を横方向に圧縮して4：3に納めること。「アナモルフィック」と呼ばれることもある。

せ

◆**整音**【せいおん】　音響ポストプロダクションの業界用語で、アフレコやプレスコで収録した音声を調整すること、またはそのスタッフを指す。ノイズ除去や、演出意図に沿ったレベル調整・アクセント調整。音響作業全般の「仕込み」のことを意味する場合もある。

そ

◆**走査線**【そうさせん】　テレビ画面やディスプレイにおいて、画像を表示するために光を発する水平方向の線のこと。画面上の光の点が左から右へ高速で移動するためのレールのようなもの。NTSC方式では525本、ハイビジョンでは1125本、フルハイビジョンは1920本、4Kでは3840本、8Kでは7680本もの走査線がある。

た

◆**ダウンコンバート**　アップコンバートの逆。「ダウンコン」と略される。HDTV映像をSDTV映像に変換するなど、ピクセルサイズの大きな映像をより小さな映像に変換すること。㊧Down Convert

て

◆**ディレクトリー構成**【でぃれくとりーこうせい】　コンピューターのデータ格納において、ディレクトリー（フォルダー）の中にさらにディレクトリーを作り、任意の階層によって管理すること。素材の整理・管理などの目的で活用される。
◆**デコード**　エンコードされたデータを元の状態に復元すること。㊚Decode
◆**テレシネ**　フィルムをビデオ信号に変換する作業や装置のこと。
◆**電源周波数**【でんげんしゅうはすう】　家庭用電源の周波数。日本における家庭用電源は電流の向きが1秒間に何十回と変わっている。これを周波数と言うが東日本では50Hz、西日本では60Hzとなっているため電気製品は注意が必要。蛍光灯も撮影時にはフリッカーの原因となる。

と

◆**トランスコード**　映像や音声などのデータを、別のコーデック形式に変換すること。またデジタル映像をアナログ信号にデコードしないでデジタル信号のまま再エンコードする技術。㊚Transcode
◆**ドルビーデジタル**　Dolby Laboratories社が開発した多チャンネルのデジタル音声記録方式のこと。映画用の「ドルビーステレオSR-D」と家庭用の「ドルビーサラウンドAC-3」をまとめてドルビーデジタル（Dolby Digital）と呼ぶ。日本のDVD標準音声規格の1つとなっている。

の

◆**ノンモン**　「Non Modulation」（無音部分）の略。テレビ番組が切り替わる時の音の入っていない部分のこと（ドラマからCM、CMからドラマ、CMからCMの間など）。テレビアニメだと、番組の始まり部分とCM前に、それぞれ12コマ程度のノンモンを入れておく決まりがあるのは、画面が切り替わ

った瞬間にいきなり音を出すことが難しいためである。

は

◆**ハウリング**　マイクがスピーカーの音を拾って反応し、「キーン」「ボー」といった耳障りな音を出すこと。㊛Howling
◆**バッチ**　バッチ処理。データをまとめて処理すること。㊛Batch

ひ

◆**非圧縮**【ひあっしゅく】　圧縮していないデータのこと。

ふ

◆**フォーリー**　ポストプロダクションで画面を見ながらその場で音を出して収録すること。足音、衣擦れ、機械の出すノイズ、物が壊れる音などの効果音をリアルタイムで収録する。ハリウッド初の音響技師の1人、ジャック・フォーリー氏に由来。㊛Foley
◆**フートランバート**　映写スクリーンの輝度測定などで使われる単位。1fL-L=3.426cd/㎡。ドイツの自然科学者、数学者のヨハン・ハインリッヒ・ランベルの名に因んでつけられた。㊛Foot-Lambert, ft-L, fL
◆**プルダウン**　㊛Pull-Down
①毎秒24フレームの映像を毎秒30フレームに転換する手法の1つ。
②音響ポストプロダクション作業では、音響設備を正規のスピードより少し遅く動作する、または音声ファイルを少し遅く変換すること。日本での速度差は0.1%。
◆**フレームアスペクト**　絵画、写真、映画、テレビ、ビデオなどの画面のアスペクト比／縦横比のこと。映画、テレビは規格化されている。画面アスペクト比。

〈映画〉
1.33：1　スタンダードサイズ（無声映画時代）
1.375：1　アカデミーサイズ（トーキー時代）
1.85：1　アメリカンビスタサイズ
1.66：1　ヨーロピアンビスタサイズ
2.35：1　スコープサイズ
〈TV〉
4：3　　SDテレビ
16：9　HDテレビ

◆**フレーム周波数**【ふれーむしゅうはすう】　映画、テレビなどの動画において1秒当たりに表示させるフレーム数のこと。フレームレート。単位は一般的に「FPS（Frames per Second）」を使う。主なものは以下のフレーム数である。
無声映画時代＝18FPS
映画＝24FPS
NTSC方式白黒時代テレビ＝30FPS
NTSC方式カラー時代テレビ＝29.97FPS
HDTV＝29.97FPS

◆**プログレッシブ**　映像の表示方式の1つで、インターレースしないで最初の走査線から順に処理する方式、または伝送方式のこと。㊄Progressive

ま

◆**マーキング**　編集作業で、効果音などの入るきっかけを画面に入れること。映像の完成度が低い線撮（せんさつ）などの場合には、セリフのタイミングを読み取りにくいので必要になる。㊄Marking

◆**マスターモニター**　放送局やポストプロダクション会社などで、画像・画質チェックに使われる非常に高い表示性能と安定性を持つ業務用ビデオモニター。「マスモニ」とも略す。㊄Master Monitor

ゆ

◆**ユニバーサルマスタリング** 映像メディア全般に変換できるマスターデータを作ること。㊥Universal Mastering

り

◆**リニア PCM** デジタル音声信号の方式の1つで、非圧縮（規格内の音声情報を全部そのまま記録）のため、非可逆圧縮方式のものより高音質。音質はサンプリング周波数と量子化ビット数で決まる。㊥Linear PCM
◆**リバースステレシネ** 毎秒30フレームの映像を毎秒24フレームに変換する手法。2-3プルダウンと逆の動作を行う。
◆**リレコ（音ネガ）** アフレコやSE等の録音を、整音し磁気フィルムにコピーすること。

欧文

◆**ASA** アメリカ標準規格（American Standards Association）のことで、日本では写真フィルムの感度を示す単位として使われていた。現在はASAに替わってISO（感度）が使用されている。
◆**Avid DNxHD** AVID社が開発するノンリニア編集用コーデックの総称で、Avid Media Composeの編集時に比類なきパフォーマンスを発揮するように設計されている。
◆**Avid DNxHR** Media Composerの4kに対応したAVID社オリジナルの新開発ビデオ圧縮コーデック。
◆**CMS** カラーマネージメントシステム。カラーマネジメントを行うための技術的な仕組みのこと。
◆**DCP** デジタルシネマパッケージ。フィルムに替わるデジタルデータによ

る映画の上映方式。

◆**DLP** Texas Instruments社が開発した「Digital Light Processing」の略称。家庭用から劇場用まで幅広いプロジェクターに搭載されている、DMD（Digital Micromirror Device）を用いた映像表示技術。

◆**DTS** Digital Theater System社が開発した、DVDソフトに使用される多チャンネルのデジタル音声記録フォーマットの1つ。Blu-ray Discではさらに新しい高音質フォーマットも採用。

◆**DVE** 「Digital Video Effect」の略。主にポストプロダクションなどで使用される、リアルタイムで映像にデジタル処理（映像・画面の分割、部分の縮小・拡大など）を行うシステム、または装置のこと。

◆**HDTV** 高精細度テレビ、またはその方式のこと。詳細は規格団体、メーカーによって記載の仕方が異なるので注意が必要。アスペクト比は16：9。

◆**IP** 「Internet Protocol」のこと。ネットワークの通信方式の1つで、世界中で使われているインターネットの基本的な通信技術。NGN（次世代ネットワーク）でもIPの技術を使用。インターネットを利用したサービスの頭に「IP〜」とつけて呼ぶことがある。例：「IP電話」「IPテレビ」など

◆**LTO** 「Linear Tape-Open」の頭文字。大容量・低コストが特徴のコンピューター用磁気テープ技術の1つ。Seagate社、HP社、IBM社が共同開発した大容量高速の公開フォーマットで、大量データの長期保管に向いている。アーカイブ用のメディアとして利用されることが多い。

◆**MXF** 「Material eXchange Format」の頭文字。SMPTE規格によって定義された放送局などプロユースのデジタル映像や音声を扱うためのコンテナフォーマット。

◆**NTSC** 「National Television System Committee」の頭文字。テレビ放送規格の1つで、日本やアメリカなどで使われている標準解像度（SDTV）のこと。アスペクト比3：4、走査線525本、1秒30フレーム。

◆**PAL** 「Phase Alternating Line」の頭文字。テレビ放送規格の1つで、開発された西ドイツ（当時）を中心にヨーロッパ、ASEAN諸国の大部分、中東の大部分、アフリカの一部、ブラジル、オーストラリアなどで採用されている標準解像度（SDTV）のこと。アスペクト比3：4、走査線625本、1秒25フレーム。

◆**Pro Tools** AVID社製のデジタルオーディオ処理システム。ポストプロ

ダクション業界における音響処理の事実上の業界標準システム。

◆**QFHD** 「Quad Full HD」の略で、フルHDの4倍（横3840×縦2160ドット）のディスプレイ解像度のこと。4000×2000前後の解像度に対応しているという意味で「4K2K」とも呼ばれる。映画・カメラなどのDCI 4Kとはサイズが異なる。

◆**R&D** Research and Development。研究開発のこと。あるいはそれを担う部署のこと。規模の大きいCGプロダクションやゲーム会社、海外のアニメーションスタジオでは、各プロジェクト専任のエンジニアやプログラマーとは別に、プロジェクトから独立したR&D専門の部署を設けている。ここに所属するエンジニアやプログラマーは、長期的な戦略のもと、新しい技術や表現方法の研究開発を行う。

◆**SD** 「Standard Definition（標準解像度）」の略。ピクセルサイズは横640～720×縦480。

◆**SDTV** 標準解像度テレビ（放送）。日本では地デジの普及に伴い2011年に放送終了。

◆**URI** 「Uniform Resource Identifier」と言って、インターネット上の情報資源を識別する書式のルール、識別子の総称。「情報資源」とは、WEBページ（HTML文書）、ファイル、ディレクトリー情報、メールアドレスなど、インターネットを通してアクセス可能なあらゆる情報のこと。

◆**URL** URIがインターネット上のルールの総体で、URLはその中の情報資源の場所を示す書式ルール。場所とアクセス方法を指定。

◆**XD-CAM** ソニーが開発した放送業務用ディスクビデオシステム。

◆**Y/Pb/Pr Y/Cb/Cr Y/U/V** 輝度信号Y（白黒映像信号）と、2つの色差信号PbとPr（色成分だけの信号）の3種の信号を使って表現される色空間。それぞれRGBから変換して作られ、カラー映像を撮影・記録・送出・表示する際に使用される。

◆**αチャンネル** デジタル画像を構成するRGBの3つのデータをチャンネルと呼ぶが、その他に直接表示されない補助データがあり、それを「αチャンネル」と言う。マスクや合成などに利用される第4のチャンネル。画像の特定の領域に対して編集、分離、保護などの操作を行うときに、画像の一部を保護する「マスク」として使用できる。画像の透明度を指定するパラメーターで、画像データと一緒に保存される。RGBが各8bit (0～255) の場合は、αチャン

ネルの値も0～255である。

数字

◆**2-3プルダウン**【つーすりーぷるだうん】　1秒間に24コマのフィルムを1秒間に30フレーム（60フィールド）のビデオ信号に変換する手法の1つ。フィルムの1コマを2枚、3枚と交互に増やし60フィールドに変換することから「2-3プルダウン」と言われている。

◆**5.1ch**　音声再生方式の1つ。スピーカーをフロントにL、R、センターの3個、リアにLs、Rsの2個、サブウーファーを含めた計6つのスピーカーで構成される。サブウーファーは0.1chとして扱われるため、5つのスピーカーと合わせて「5.1ch」と呼ばれる。

ソフトウェア

現在起こっているアニメ制作の変革の中心にあるのが「ソフトウェア」。このカテゴリーは、今やアニメ制作の主役となりつつあると言っても過言ではありません。その機能に関しては作画から編集、流通にまで及びますが、今後はアニメの仕事においても「働き方改革」の推進によって生産性のアップが求められるようになってきます。そのためには、ソフトウェアを効率的に使い、アニメ制作における生産性を高めることが最重要課題となるでしょう。CG同様変化が激しいジャンルであり、今後も項目が増えていくことが予測されます。

く

◆**クイックアクションレコーダー** 原動画を1枚ずつ据え置きのビデオカメラで取り込み、ムービーにして動きを確認する専用機器の商品名。簡単な操作で使うことができるので普及したが、最近では汎用コンピューターの動画確認システムもあるため、使う機会は減っている。「QAR」と略される。㊤Quick Action Recorder

こ

◆**コーデック** あるデータを別の形式に圧縮・変換する方法のこと。「動画データ」と「音声データ」から構成されている映像の容量を抑えることができる。圧縮・変換することを「エンコード」、元に戻すことを「デコード」と言う。㊤Codec

◆**コンバーター** データ変換のためのツール。コンバーターを介して異なる信号を変換する。

欧文

◆**AIFF** Mac標準の音声フォーマットのこと。

◆**BMP** Bitmap。画像フォーマットの1つ。Windowsで標準使用されている形式。

◆**CLIP STUDIO PAINT** RETAS STUDIOを開発したセルシス社製の作画ソフト。従来はイラスト・マンガ等の作画を目的としたソフトだったが、アニメの作画に対応できるように更新が進められている。主にデジタルでの原画工程で使用されている。

◆**DPX** 「Digital Picture Exchange」の意味。デジタルフィルム作業のための画像ファイルフォーマット。ポストプロダクション作業の後、再びフィルム

に戻す「CINEONシステム」でネガフィルムをデジタルデータにするためのファイルフォーマット。

◆**EDL** 「Edit Decision List」のことで、編集機が出力する編集情報データの1つ。「どのカットのどの部分をどう繋いだか」などの編集作業内容を記録。他の編集機にそのEDLを読み込ませると、引き続き編集作業が行える。

◆**H.264** 動画データを圧縮するコーデックの1つ。高度な圧縮技術によって、画質を保ちながらデータ量を減らすことが可能で、低画質から高画質まで幅広く使われている。なお同規格はITU-Tにおいては「H.264」として、ISO/IECにおいては「MPEG-4 Part 10 Advanced Video Coding（MPEG-4 AVC）」として記載されている。

◆**Harmony** カナダのToon Boom社製のアニメーション制作ソフト。絵コンテ制作ソフトのStoryboardと連動し、原画から撮影までできる統合アニメ制作ソフトで、世界的にユーザーは多い。

◆**i Movie** Apple社のビデオ編集ソフト。撮影したアニメーションを組み合わせて編集したり音楽や効果音を入れるためのアプリケーション。

◆**iStopMotion** Boinx Software社製のストップモーションアニメーション撮影用高機能アプリケーション。ストップモーションやタイムラプスムービーをコンピューターで制作できる。OS X用とiOS用があり、フォーカス、露出、ホワイトバランスの固定ができ、被写体の明るさの変化によって露出が変化することなく撮影可能。Mac用のコマ撮り動画作成ソフトとして評価が高く、iPhoneやiPadの内蔵カメラをリモートカメラとして利用できる。

◆**KOMAKOMA** 通称コマコマ。トリガーデバイス社製のiPad用無料配布ストップモーションアニメーション撮影アプリケーション。

◆**LightWave** 統合型3DCGソフト。CGソフトの中では比較的低価格だったため、個人や少人数での制作に使用されてきた。モデリング、レイアウトという2つのソフトで構成されている独自システムが大きな特徴。

◆**Maya** 3DCG制作の全工程を担える、業界標準の統合ソフトウェアの1つ。映像制作の包括的な機能があり、MELやPythonなどのスクリプト言語による機能拡張や効率化が可能。そのため、大規模なパイプラインを有する映画制作やゲーム開発などの主流ソフトウェアとなっている。

◆**MIDI** 「Musical Instrument Digital Interface」のことで、音楽制作や通信カラオケなどに使用されているコンピューターミュージックの国際標準規

格。1980年代に日本の音楽メーカーの主導で制定され、音楽演奏や制作、通信カラオケの基本技術となった。通称「ミディ」。音声再生は不可。

◆**MOV**　Apple社が開発したMac標準の映像再生方式「QuickTime」の映像ファイル形式。インターネット上での動画配信にも使われている。デジタル映像や音声を扱うためのコンテナフォーマット。

◆**MPEG**　「Moving Picture Experts Group」の略で、国際標準規格の動画、音声デジタルデータ圧縮方式。

◆**OpenToonz**　イタリア製の「Toonz Harlequin」を元にドワンゴがオープンソースとして提供するアニメーション制作統合ソフト。実務の使用は仕上・彩色・撮影の機能が中心。

◆**PAINTMAN**　動画に彩色するためのセルシス製ソフトウェア。RETAS STUDIOに含まれている仕上工程の標準ソフト。

◆**Photoshop**　Adobe Systems社製の画像編集ソフト。アニメ制作においては背景の制作や撮影の特殊効果・エフェクトの制作に使われる。

◆**PICT**　MICROSOFT社が開発した「Pairwise Independent Combinatorial Testing tool」の略で、Macでよく使われる画像ファイルフォーマットの1つ。ビットマップとドローオブジェクト情報の保存が可能。

◆**ProRes**　Apple社が開発した動画データを圧縮するコーデックの1つ。SDから5Kまでの解像度、4：2：2から4：4：4：4までのコンポーネント信号フォーマットをサポート。高画質に保ったままの画像と音声を1つのファイルにできるコーデックであるため、収録データの受け渡しなどに重宝。

◆**PSD**　Adobe Systems社製の画像処理ソフトPhotoshop標準の画像フォーマットのこと。「Photoshop Document」の略。

◆**QUICK CHEKER**　RETAS STUDIO同梱の原画または動画をビデオカメラで撮り、PCで動きをチェックするためのソフト。業界標準で使用されているが動作環境OSはWindows XPまでとなっている。

◆**Quick Time**　Apple社が開発した動画を中心としたマルチメディア技術。動画、音楽、画像など幅広範囲で利用可能。

◆**RAW画像**　デジタルカメラで撮影したデータをJEPGなどのフォーマットに変換しないまま保存した未完成状態の画像データ。RAW（「生」「未完成」の意味）画像は12ビットや14ビットの量子化ビット数を持ち、JPEGよりもはるかに多くの情報を持つため、ホワイトバランス・明るさ・色調など調整で

きる範囲が広くなる。ただしカメラメーカー各社で保存形式が異なるために、調整には専用のソフトウェアが必要。

◆**RETAS STUDIO**　セルアニメーション制作ソフト。2008年12月19日発売。以前のRETAS!PRO HD シリーズの「STYLOS」「TRACEMAN」「PAINTMAN」「CORE RETAS」を1つにパッケージした製品名。仕上専門ソフトとして普及している。略称「レタス」。

◆**RIFF**　「Resource Interchange File Format」のことで、映像や音声などのデータを1つのファイルに格納するための共通フォーマット。WAVやAVIもRIFF形式のファイルの1つ。

◆**SGI**　Silicon Graphics社が開発した画像ファイルのフォーマットの1つで拡張子は「sgi」か「rgb」。ハイエンド機材やポストプロダクションなどで広く使われているが、WindowsやMacの世界ではサポートするソフトが少ないのが難点。

◆**Storyboard Pro**　カナダのToon Boom社製の絵コンテ作成ソフト。絵コンテやVコンのデジタルでの制作が可能。

◆**STYLOS**　RETAS STUDIOに格納されている作画ツール。デジタルで動画工程を行うソフトとしてシェアが高い。タイムシート機能を有し、ツール上での表示、書き込みができる。

◆**TGA**　TRUEVISION社が開発した画像ファイルのフォーマットの1つで、「TARGA（タルガ）」フォーマットとも呼ばれる。RETAS STUDIOでの標準的ファイルフォーマットであるのと同時に、多くの画像処理・画像閲覧ソフトでもサポートされている。また、TGAフォーマットのファイルをWindowsマシンで使う場合の拡張子を指す。

◆**TIFF**　「Tagged Image File Format」のことで、画像ファイルのフォーマットの1つ。非圧縮形式と圧縮形式とがあり、多くの画像処理ソフトで標準的にサポートされている。

◆**TVPaint Animation**　フランス製のアニメーション制作ソフト。原画から撮影までの工程に対応した統合アニメ制作ソフト。

◆**WAV**　Windows 標準の音声フォーマット。RIFF 形式でMacでも再生可能。「ウェーブ」が正しい名称であるが、制作現場では「ワブ」と呼称されることも多い。

数字

◆**3ds Max**　3DCG制作の全工程を担える、業界標準統合ソフトウェアの1つ。プラグインが豊富なため多彩な表現が可能。日本のアニメ業界で多いのが、Pencil+という国産プラグインとの併用で、セルアニメ調（セルルック）の表現にすること。Mayaと比較すると、小規模な制作で使用される傾向にある。

その他

ここではアニメ制作に直接は関係ないものの、関係者として知っておかなければいけない重要な用語・項目を取り上げました。アニメを取り巻くメディアや各種関連団体、著作権やビジネスモデルなど、その範囲は多岐に渡っています。「その他」とはなっていますが、アニメを制作していく上での大切な知識が数多く含まれています。

あ

◆**アクジション** 作品の配信権などの権利を獲得すること。㊤Acquisition of Right

◆**アーティスト** CG映像制作やゲーム開発などでは、ビジュアル制作を担当するスタッフを「アーティスト」と呼ぶ。日本ではデザイナー、クリエイターと呼ぶ場合もあるが、仕事内容に応じて、「コンセプトアーティスト」「モデラー」「アニメーター」などに呼び分けられる。㊤Artist

◆**アートアニメーション** 芸術性を追求したアニメーションのこと。逆は商業アニメーション。㊤Art Animation

◆**アニメ** アニメーションの省略形だが、次第に日本のアニメーションを指す言葉となった。以前は「漫画映画」「テレビ漫画」などと呼ばれていた。

◆**アニメ絵**【あにめえ】 セル画のように、境界や輪郭線をはっきりさせ、光と影、着色のグラデーションを単純化させた表現方法。

◆**アニメ業界**【あにめぎょうかい】 アニメを仕事として従事する企業や人々で形成される社会。広義のアニメ業界はアニメ産業と同じで、狭義ではアニメを直接制作・製作する企業や人々によって形成される社会。

◆**アニメ雑誌**【あにめざっし】 アニメの様々な情報を掲載している雑誌。過去多数のアニメ雑誌が発刊されたが、現在では『アニメージュ』(徳間書店／1978年創刊)、『アニメディア』(学習研究社／1981年創刊)、『Newtype』(月刊ニュータイプ／角川書店／1985年創刊)などがある。

◆**アニメ産業**【あにめさんぎょう】 アニメを仕事として従事する企業や人々で形成される社会。アニメの企画・提案、制作、製作、宣伝、広告から上映、放映、ビデオ、配信、遊興、ライブエンタテインメント、海外流通などまで、多くの専門性の高い企業、個人が関わっている。

◆**アニメーション** ラテン語のAnima(霊魂)から出たAnimation(生命を吹き込むこと)の語源通り、少しずつ変化させた絵(動画)を1コマずつ撮影し、映写・再生することによってそれ自体は静止している絵を動いているように見せる映像技法。

◆**アニメーション映画祭**【あにめーしょんえいがさい】 アニメーション作品を専門に

扱う国際映画祭。国内外にてアヌシー国際アニメーション映画祭、シッチェス・カタロニア国際映画祭、ザグレブ世界アニメーション映画祭、オタワ国際アニメーション映画祭、広島国際アニメーションフェスティバル、東京アニメアワードフェスティバル、新千歳空港国際アニメーション映画祭などがある。

◆**アニメーションなどの映像手法に関するガイドライン**【あにめーしょんなどのえいぞうしゅほうにかんするがいどらいん】　日本放送協会（NHK）と（社）日本民間放送連盟（民放連）が、1998年春に自主策定した映像手法を規制する指針。1997年末にテレビアニメーションを見た視聴者が多数失神するなどしたことを機にまとめられた。光の点滅や画面の輝度変化などの制限が盛り込まれたが、それついては、通称「パカチェック」とも呼ばれている。

◆**アニメ制作会社**【あにめせいさくがいしゃ】　アニメーションを実質的に制作する会社のこと。

◆**アニメ製作会社**【あにめせいさくがいしゃ】　アニメーションを製作（プロデュース）する会社のこと。制作機能を持つスタジオが多いが、外部発注するプロデュースカンパニーもある。製作と制作の使い分けは、作品の著作権を持っているか（製作）、持っていないか（制作）による。

◆**アニメ専門チャンネル**【あにめせんもんちゃんねる】　アニメを専門に放送するチャンネル。海外では「ディズニーチャンネル」、ワーナーの「カートゥーンネットワーク」、バイアコムの「ニコロデオン」、日本ではソニーピクチャーズの「アニマックス」「キッズステーション」、テレビ東京の「AT-X」などが有名。

◆**アニメーター**　アニメーションを制作する際の作画（原画・動画）担当者を指す。

◆**アニメブーム**　日本初のテレビアニメはカラーテレビ放送の実験放送用だった『もぐらのアバンチュール』（日本テレビ／1958年）であるが、本格的な人気が出たのは1963年の『鉄腕アトム』からで、歴代アニメ番組最高視聴率40.3％を記録し日本中の子どもたちを熱狂させた。その成功を見て、アニメ番組が続々と誕生し第一次アニメブームが生まれた。第二次アニメブームは1970年代後半。1977年劇場版の『宇宙戦艦ヤマト』が青年層を巻き込んで空前のヒットを記録し、小学校を卒業してもアニメを見続けるきっかけを作った。第三次アニメブームは1990年代中盤から始まった。1995年の『エヴァンゲリオン』、1997年の『ポケットモンスター』『もののけ姫』といったメガヒットが続くことで、アニメが次第に国民的な存在になっていったのである。

◆**アニメ枠**【あにめわく】 テレビのアニメ放送枠のこと。日本初のテレビアニメは1958年にカラーテレビ放送の実験放送用として制作された『もぐらのアバンチュール』(日本テレビ)であるが、本格的な30分のシリーズとして放送されたのは1963年の『鉄腕アトム』からである。それ以降、平日の夕方からゴールデンタイム、週末の朝におけるキッズ・ファミリー向けのアニメ放送が定着した。多いときには週に数十本ものアニメ番組があったが、現在ではその時間帯での放映は減り続けている。代わって増えたのが深夜のアニメ放送。いわゆる「深夜アニメ」と呼ばれるものであるが、1996年に初めて登場して以来増え続け、2015年には遂にキッズ・ファミリー向けの作品制作分数を追い抜いてしまった。海外にはオトナアニメや深夜アニメは存在しないので、これは日本独自の現象と言える。キッズ・ファミリーアニメと深夜アニメの違いは、放送時間帯もあるが、最大のポイントはテレビ局からお金が出るか出ないかである。キッズ・ファミリーアニメが放送されるのは「編成枠」といって、作品によってはテレビ局から制作費、放映権料が出る。それに対して深夜アニメは「事業枠」となりテレビ局から制作費、放映権料は原則出ない場合が多い。そのため製作委員会に参加している企業が自らスポンサーとなって「媒体費(広告費)」を支払うシステムになっている。

い

◆**一般社団法人日本アニメーター・演出協会**【いっぱんしゃだんほうじんにほんあにめーたーえんしゅつきょうかい】 Japan Animation Creators Association。2007年に設立された、アニメーター及び演出家の地位向上と技術継承を目的とする団体。JAniCA(ジャニカ)と呼ばれる。各種国民健康保険の加入の勧め、「アニメーション制作者実態調査」報告書刊行、スキルアップ講座などの活動を行っている。

◆**一般社団法人日本音楽著作権協会**【いっぱんしゃだんほうじんにほんおんがくちょさくけんきょうかい】 Japanese Society for Rights of Authors, Composers and Publishers。音楽(楽曲、歌詞)の著作権を持つ作詞者・作曲者・音楽出版社から録音権・演奏権などの著作権を信託され、音楽利用者に利用許諾(ライセンス)、料金徴収、そして権利者への分配を行う団体。「JASRAC(ジャスラック)」と呼

ばれる。アニメ作品をビデオ、配信などで利用する場合、ビデオメーカーや配信事業者は作品で使われている音楽利用のシートをJASRACに提出し料金を支払う。同様の音楽著作権等管理事業者としては株式会社NexTone（ネクストーン）がある。

◆一般社団法人日本音声製作者連盟【いっぱんしゃだんほうじんにほんおんせいせいさくしゃれんめい】Japan Audio Producers' Association。海外映画やドラマ、アニメーション等の吹き替え版制作や、国内のアニメーションやゲームの音響制作を行う、音声制作関連企業に向けた唯一の業界団体。

◆一般社団法人日本動画協会【いっぱんしゃだんほうじんにほんどうがきょうかい】The Association of Japanese Anima tions、通称AJA。2002年5月、有限責任中間法人として設立。2009年5月、一般社団法人に法人格を変更。アニメーション制作会社が中心となってアニメ業界に関わる各社が協力し、国内で唯一業界を代表する立場にある業界団体として、同様の立場にある他の業界団体や政府や地方行政府と緊密に連携しながら、アニメーション文化の発展のために様々な活動を行っている。

◆印税【いんぜい】　出版者が、発行する書物の定価ならびに販売・売上部数に応じて著作者または著作権者に支払う金銭。アニメの場合は、主に原作者、脚本家、監督等に支払われる、二次利用から生じる収益の一定料率の金銭を指す。㊥Royalty

う

◆ウィンドウ　もともとは「窓」のことであるが、エンタメやコンテンツにおいては、宣伝効果や利益を最大化するための作品展開戦略のことを指す。映画であれば最初に開くウィンドウ（ファーストウィンドウ）はもちろん映画で、ほぼ同時に機内上映が「開く」。その後、しばし時間をおいてビデオ・配信ウィンドウが開き、順次有料放送、無料放送へと移行する。テレビの場合は放送がファーストウィンドウであるが、現在では配信ウィンドウも同時に開く。アニメには現在、「上映」「放送」「配信」「ビデオ」「商品化」「音楽」「海外」「遊興」「ライブエンタテインメント」などのウィンドウがある。㊥Window

え

◆**映画**【えいが】 「フィルム」「シネマ」「ムービー」「モーションピクチャー」とも言う。長いフィルムに高速度で連続撮影した静止画像（写真）を映写機で映写幕（スクリーン）に連続投影して風景や動き、音声、音楽を再現するもの。現在はそのほとんどがデジタル化されている。アカデミー賞の規定によると、長編アニメーション映画の定義は40分以上のものであるとされている。

◆**映画製作者**【えいがせいさくしゃ】 映画の著作物（映画、アニメ、ゲーム等）の製作に発意と責任を有する者をいう。学説上は「映画の著作物の製作主体であり、法律上の権利・義務が帰属する主体であって、経済的な収入・支出の主体となるもの」と解されている。アニメの場合はその著作権を有する製作委員会もしくは制作会社が映画製作者の地位に立つケースが多い。映画の著作物の著作者はプロデューサー、監督、撮影監督、美術監督など映画の著作物の「全体的形成に創作的に寄与した者」がこれにあたるが、多額の資金が投入され、速やかに製作資金の回収を図る必要があるという、映画の著作物の特性により、著作権法上、これら著作者が映画の著作物の製作に参加約束をしているときは映画の著作物自体の著作権は映画製作者に帰属するという特例が設けられている。㊥Makers of Cinematographic Works

◆**映画配給**【えいがはいきゅう】 映画の製作会社（製作委員会）から配給委託を受けた、あるいは自ら買い付けた映画を劇場にブッキング（Booking／予約）し、宣伝、フィルム供給（現在はデータ転送）を行った後、映画公開後の興行の売上を集計、徴収し、製作会社に分配する業務。東宝、松竹、東映、角川映画、アスミックエース等といった会社がある。海外の映画に関しては、ディズニーやワーナー、ユニバーサルといった大手ハリウッド作品の場合は日本支社が、その他の映画は日本の配給会社が買い付けを行うことで公開される。㊥Film Distribution

お

◆**置き換えアニメ**【おきかえあにめ】　ストップモーションアニメーションで、ポーズや形状を変化させるのではなく、あらかじめ作っておいた造形物を、同じ位置に置き換えて撮影することでアニメーション効果を出すこと。目の瞬き、口の動きなどの繰り返しの動きを、それぞれのパーツで交互に撮影すれば時間短縮、労力削減となる。

◆**お蔵入り**【おくらいり】　何らかの事情で使用、発表されなかった作品や映像素材のこと。

◆**音楽制作**【おんがくせいさく】　アニメ作品に必要な音楽（BGM、主題歌など）の制作。日本のテレビアニメで特徴的なのは、音楽制作をレコード会社が行っていることである。レコード会社が音楽制作費を負担することで、所属ミュージシャンが主題歌、エンディングテーマ曲などを歌い、そのレコードを発売して収益を上げるシステムとなっている。劇場アニメでは多くの場合、音楽制作費が予算に組み込まれている。

か

◆**回収計画**【かいしゅうけいかく】　作品の製作費を回収する計画。企画書には欠かせない項目である。放送権料などからの収入をはじめとして、興行収入、ビデオ売上、配信売上、ゲーム、商品化権売上、遊興、ライブエンタテインメント、海外売上などからどれだけ製作費を回収できるかの計画を指す。

◆**カートゥーン**　㊦Cartoon
①海外の風刺漫画のこと
②海外で一般的に使われているアニメーションを指す言葉で、「トゥーン／Toon」とも略す。キッズ・ファミリーアニメーションといった意味合いを持つ。深夜アニメ、オトナアニメは別ジャンル。

◆**紙アニメ**【かみあにめ】　紙に描いた絵をコマ撮りしたアニメのこと。パラパラ漫画も紙アニメの1つ。

アニメーション用語事典　**157**

き

◆**キー局**【きーきょく】 キーテレビ局。テレビ、ラジオネットワーク系列の中心となる在京民法放送局。テレビは日本テレビ放送網、テレビ朝日、TBSテレビ、テレビ東京、フジテレビジョン。ラジオはTBS、日本放送、文化放送。㊕Key Station

◆**キャラクタービジネス** 商品化ビジネス（マーチャンダイジングビジネス）のこと。コンテンツの「権利者／ライセンサー／Licensor」がキャラクターの「商品に使用する権利」を「利用者／ライセンシー／Licensee」に「許諾／ライセンス／License」し、その対価として使用許諾料を得るビジネスモデル。「商品化権ビジネス」「版権ビジネス」とも言う。

◆**協同組合日本映画監督協会**【きょうどうくみあいにほんえいがかんとくきょうかい】 Directors Guild of Japan。1936年（昭和11年）に創立された映画監督の事業協同組合。映画監督の著作権・著作者人格権の確立、表現の自由の確立・擁護、福利厚生、新人賞などの事業を行っている。アニメの監督も参加している。

◆**協同組合日本脚本家連盟**【きょうどうくみあいにほんきゃくほんかれんめい】 Writers Guild of Japan。1966年に設立された、日本で活動する脚本家の多くが加入する日本最大の脚本家事業協同組合。脚本著作権の二次使用許諾の窓口のほか、脚本家の地位向上のための事業を行っている。アニメの脚本家も多数参加している。

◆**協同組合日本シナリオ作家協会**【きょうどうくみあいにほんしなりおさっかきょうかい】 Japan Writers Guild。1965年に設立された脚本家のための事業協同組合。脚本の利用窓口のほか、さまざまな福利厚生、普及啓蒙活動を行っている。

◆**協同組合日本俳優連合**【きょうどうくみあいにほんはいゆうれんごう】 Japan Actors Union。昭和42年設立。約2600名の俳優が加入しており、協同組合法で認められている団体交渉権を生かし、TV局や製作会社間との俳優の出演条件や安全対策等の団体協約を締結している。

◆**共同著作物**【きょうどうちょさくぶつ】 2人以上の者が共同して創作した著作物であって、その各人の寄与を分離して個別的に利用することができないものをいう。製作委員会方式で製作されたアニメは、委員会メンバーの共同著作物とい

うことができる。一方、2人以上の者が創作した著作物であっても、「楽曲と歌詞」「小説と挿絵」のように各著作物を個別的に利用できるものは「結合著作物」と呼ばれる。㊥Joint Work
◆切り絵アニメーション【きりえあにめーしょん】　色紙などを顔や手足の形に切った「切り絵」をコマ撮りしたアニメーションのこと。

く

◆クリエイター　創造的な仕事に携わる人の総称。海外では「造物主」、つまり神様を意味する言葉のためアーティストなどの言葉を使うことが多い。㊥Creator
◆クールジャパン　外国から評価される「日本の魅力」としての商品・サービスのこと。アニメはマンガ、ゲームと並び日本が世界に誇る日本のコンテンツとして評価されている。
◆クレイアニメーション　粘土が素材のストップモーション（コマ撮り）アニメーション。

け

◆劇場用アニメ【げきじょうようあにめ】　アニメ・アニメーション映画のこと。映画館での公開目的のために制作されるアニメ。テレビアニメやOVAよりクオリティは高いとされている。
◆源泉徴収【げんせんちょうしゅう】　会社から個人への支払いで引かれている税金（所得税、復興税）のこと。㊥Tax Withholding
◆原著作者【げんちょさくしゃ】　漫画や小説がアニメ化された場合、その漫画等の著作者をいう。具体的には、漫画家、漫画原作者、小説家、脚本家がこれにあたる。㊥Original Author
◆原著作物【げんちょさくぶつ】　漫画や小説など、それ自体も独立した著作物であるが、それらがアニメ化された場合、アニメの基になった漫画等をいう。㊥Pre-existing Work

こ

◆**公益財団法人日本文藝家協会**【こうえきざいだんほうじんにほんぶんげいかきょうかい】 Japan Writer's Association。1926年（大正15年）に劇作家協会と小説家協会が合併して発足した、文芸を職業とする小説家や文筆者の職能団体。公益社団法人。文芸家の地位向上、言論の自由の擁護、著作権啓蒙などの活動を行っている。

◆**興行収入**【こうぎょうしゅうにゅう】 映画館の入場料金、またはその総売上。㊤Box Office

◆**広告代理店**【こうこくだいりてん】 テレビ番組の提供枠販売や仲介業務を行う。自ら放送枠を確保し、アニメ番組を制作するケースもある。「代理店」とも略される。

◆**公衆送信権**【こうしゅうそうしんけん】 著作権の支分権の1つ。著作者がその著作物を無断で公衆に放送・有線放送・自動公衆送信（インターネット配信）されない権利。㊤Public Transmission Right

◆**国産アニメーション**【こくさんあにめーしょん】 日本初の国産アニメーションは1917年（大正6年）に下川凹天（へこてん）が監督・制作した『凸坊新畫帖 芋助猪狩の巻』（でこぼうしんがちょう いもすけいのししがりのまき）』である。ただし、やや遅れて北山清太郎の『猿と蟹』、さらに幸内純一（こうないすみかず）の『塙凹内名刀之巻』（はなわへこないめいとうのまき）が公開されたため、下川、北山、幸内の3人が日本のアニメの先陣を切ったパイオニアとされている。一方、日本で初めての長編（カラー）アニメーションは1958年に公開された東映動画制作の『白蛇伝』である。

さ

◆**サイマル放送**【さいまるほうそう】 同時並行放送のこと。近年は、放送と同時に動画配信することも意味している。

◆**サウンドトラック** 本来は映画フィルム上における音声・音楽が収録されて

いる部分。その呼び方が時間の経過と共にテレビドラマ、テレビゲーム、アニメ、コマーシャルソングなどに広がりをみせた。「劇伴音楽」(劇伴)や「付随音楽」を収録したアルバムを指す場合もある。略称は「サントラ」が多いが、「OST（Original Soundtrack）」と略されることもある。

◆**サブライセンス**　「権利者／ライセンサー／Licensor」から商品に使用するキャラクターの権利を受けた「利用者／ライセンシー／Licensee」が、第三者にライセンスすること。

◆**サントラ**　→サウンドトラック

し

◆**視聴率**【しちょうりつ】　テレビがメディアの王者であった頃には視聴率は世の中への影響度を測る目安であった。テレビアニメにおいても、視聴率が高い作品は大ヒットしている。テレビアニメの歴代最高視聴率ベスト10は以下の通りである。㊜Rating

1位『鉄腕アトム』40.3%　フジテレビ　1964年01月25日
2位『ちびまる子ちゃん』39.9%　フジテレビ　1990年10月28日
3位『サザエさん』39.4%　フジテレビ　1979年09月16日
4位『Dr.スランプ アラレちゃん』36.9%　フジテレビ　1981年12月16日
5位『オバケのQ太郎』36.7%　TBS　1966年04月24日
5位『巨人の星』36.7%　日本テレビ　1970年01月10日
7位『パーマン』35.6%　TBS　1967年04月09日
8位『ど根性ガエル』34.5%　日本テレビ　1979年02月23日（再放送）
9位『ポパイ』33.7%　TBS　1963年01月27日
10位『まんが日本昔ばなし』33.6%　TBS　1981年01月10日

◆**ジャスラック**　→JASRAC

◆**ジャンル**　本来は芸術、特に文芸における形態上のさまざまな分類、種類のこと。アニメにおいては作品領域、傾向のことを指す。日本のアニメには実に多様なジャンルがあることで海外の人間に驚かれるが、これはやはり漫画の持つ多様性の影響が大きいと言える。例えばギャグ漫画やヒーロー漫画は世界共通であるが、少女、学園、スポーツ／スポ根、ロボット、グルメ、劇画などの

ジャンルは日本だけのものである。もちろん、萌え系やボーイズラブやレディスコミックなども日本オリジナルである。㊥Genre

◆**商業アニメ**【しょうぎょうあにめ】 ビジネスを目的として制作されるアニメ。一般的にテレビアニメや劇場アニメのことを指す。アニメ産業の基盤となる制作活動。

◆**商品化権ビジネス**【しょうひんかけんびじねす】 →キャラクタービジネス

◆**職務著作（法人著作）**【しょくむちょさく（ほうじんちょさく）】 著作権は原則として、著作物を創作した者に帰属するが、
①法人等の発意に基づくこと
②法人等の業務に従事する者が作成すること
③職務上作成されること
④法人等の名義で公表するものであること
⑤契約、勤務規則等に別段の定めのないこと
以上5要件を満たして創作された著作物の著作権は法人等に原始的に帰属するという著作権法上の特例。㊥Work Made for Hire

◆**深夜アニメ**【しんやあにめ】 日本独自のアニメ番組。海外は原則キッズ・ファミリーアニメしかないため、深夜にアニメを放送することはあり得ない。1960年代から深い時間帯（23時台）に大人向けのアニメを放映した例はあるが、本格化したのは1996年にテレビ東京で放送された『エルフを狩るモノたち』からで、翌年から深夜帯に放映されるアニメ番組が大幅に増加した。深夜帯は表現規制が緩いため、OVAとして制作されていたような内容の作品が移行してきたのが主な原因と思われる。この流れは2000年代に入っても止まらず、2015年はキッズ・ファミリー向けの作品を上回る制作分数となった。

す

◆**水墨画アニメーション**【すいぼくがあにめーしょん】 水墨画タッチの中国独自のアニメーションスタイル。中国近代アニメーションの立役者である持永只人の盟友、盛特偉が完成させた。

◆**ストップモーションアニメーション** 静止している人形や粘土素材のキャラクターを1コマずつ操作しながらカメラ撮影することで、連続して動いている

ように見せるアニメーションのこと。
◆**砂絵アニメーション**【すなえあにめーしょん】　砂でつくるアニメーション。砂の凹凸によって生まれる陰影を効果的に使ったアニメーションのこと。
◆**スピンオフ**　派生的に生じることや派生により生じた物、副産物のこと。既存の作品（本編）で人気を得た脇役キャラクターなどが主役になること。㊝Spin-Off
◆**スポンサー**　㊝Sponsor
①制作資金を提供する人、会社。
②番組媒体費を負担する会社。

せ

◆**製作**【せいさく】　作品企画から始まり、資金とスタッフを集めて作品をつくり、納品、宣伝、運用・販売（上映、放映、ビデオ、配信、音楽、遊興、ライブエンタテインメント、海外）、回収、分配といったプロデュース作業を行うこと。
◆**製作委員会**【せいさくいいんかい】　アニメに関わる事業者（テレビ局、広告代理店、ビデオメーカー、配信事業者、玩具メーカー、出版社）などが出資を行い設置する任意組合のこと。
◆**製作委員会方式**【せいさくいいんかいほうしき】　複数企業が組成する任意組合が共同でアニメ作品を制作し事業を行う方式のこと。映像や舞台作品製作のために、複数の会社で資金を出し合って制作した作品の著作権を共同保有し、そこから生まれた利益を分配するというビジネスモデルとなっている。

そ

◆**損益分岐点**【そんえきぶんきてん】　売上高と費用が等しくなってプラスマイナスゼロとなる地点。作品を制作する際にまず目指す経済的目標。㊝Break-Even

た

◆**ターゲット**　作品を見てもらう、あるいは好きになってもらうと想定する対象。㊥Target

◆**代理店**【だいてん】　㊥Agency →広告代理店

ち

◆**地上デジタル放送**【ちじょうでじたるほうそう】　2011年、アナログテレビ放送の終了に伴い、日本で主流となったテレビ放送形式。地上の送信アンテナで行うデジタルテレビ放送。HDTV放送、データ放送、双方向番組、ワンセグなどのサービスが行われている。

◆**知的財産権**【ちてきざいさんけん】　知的創作活動が行われた結果、生み出されたもの（無体物）に発生する権利であり、創作者がその権利を専有する。具体的には著作権・特許権・実用新案権・意匠権・商標権等をいう。㊥Intellectual Property Rights

◆**長寿番組**【ちょうじゅばんぐみ】　長く続いているテレビ番組。アニメで言えば、『サザエさん』(1969年～)、『ドラえもん（2期）』(1979年～)、『それいけ!アンパンマン』(1988年～)、『ちびまる子ちゃん』(1990年～)、『クレヨンしんちゃん』(1992年～)、『忍たま乱太郎』(1993年～)、『しましまとらのしまじろう』(1993年～)、『名探偵コナン』(1996年～)、『ポケットモンスター』(1997年～)、『おじゃる丸』(1998年～)、『ONE PIECE』(1999年～) など。㊥Long Running TV Show

◆**著作権**【ちょさくけん】　著作者が専有する権利（創作した著作物を無断で利用されない権利）。著作権には「著作財産権（著作者の経済的利益を保護する権利)」と「著作者人格権（著作者の人格的利益を守る権利)」がある。著作財産権は譲渡、相続が可能だが、著作者人格権は譲渡、相続ともできず、著作者が存しなくなったら消滅する（これを「一身専属性」という）。㊥Copyright

◆**著作権の保護期間**【ちょさくけんのほごきかん】　原則として創作時から著作者の死

後70年（TPP協定締結により2018年12月30日より、50年から70年に延長）。また、無名・変名の著作物および団体名義の著作物については公表後70年。なお、アニメを含む映画の著作物は従前どおり、公表後70年。著作権法は文化の発展に寄与することを目的としているため、著作権保護期間が終了した著作物は「公有（パブリックドメイン）」となり、著作者の許諾なく利用できることになる。㊥Term of Protection of Copyright

◆**著作者**【ちょさくしゃ】　著作物を創作した者。㊥Author

◆**著作者人格権**【ちょさくしゃじんかくけん】　著作者の人格的利益を守るための権利。具体的には次の3権利をいう。

①公表権
　公表の可否および公表方法を決めることができる権利
②氏名表示権
　氏名表示の可否および氏名表示方法（実名か変名かなど）を決めることができる権利
③同一性保持権
　著作物の内容・タイトルに関して、意に反した改変をされない権利。
なお、著作者の名誉・声望を害するような利用は著作者人格権侵害とみなされることから、これを「名誉・声望保持権」として著作者人格権に含める解釈もある。㊥Moral Rights

◆**著作物**【ちょさくぶつ】　思想又は感情を創作的に表現したものであって、文芸、学術、美術又は音楽の範囲に属するもの。具体的には映画、アニメ、ゲーム、漫画、小説、絵画、彫刻、講演、コンピュータ・プログラム等。㊥Work

◆**著作隣接権**【ちょさくりんせつけん】　著作物の創作者ではないが、著作物を世の中に伝達した者に付与される権利。「実演家（俳優、歌手、声優等）」「レコード製作者（レコード会社等）」「放送事業者（テレビ局、ラジオ局等）」「有線放送事業者（CATV局等）」の四者に付与されている。㊥Neighboring Rights

て

◆**テレビアニメ**　テレビ放映用アニメーション。

◆**テレビまんが**　テレビアニメのこと。アニメーション、アニメが普及する以

前の1960年代まで使われていた。「漫画映画」とも呼ばれていた。

と

◆**トゥーン** ㊥Toon→カートゥーン
◆**トーキー** 無声映画に対して、画面に応じたセリフ・音楽などを伴う映画。発声映画。1927年、世界初のトーキー映画『ジャズ・シンガー』が公開された翌年、世界最初のトーキー（フルサウンドトラック）アニメーション、ミッキーマウス主演『蒸気船ウィーリー』が公開され大評判となった。㊥Talkie
◆**トーキングアニマル** 動物たちがしゃべるアニメーション。㊥Talking Animal
◆**トーン** 「曲」「歌曲」「旋律」「メロディー」のこと。㊥Tune

に

◆**二次的著作物**【にじてきちょさくぶつ】 著作物（漫画、小説等）を翻訳、編曲、変形、脚色、映画化、その他翻案し、基の著作物に新たな創作性を付加して作成された著作物。漫画原作のアニメの場合、アニメは漫画の二次的著作物になる。なお、著作権法では、漫画原作のアニメを利用する場合、アニメの著作権者だけではなく、漫画の著作権者の許諾も得なくてはならないことを定めている。㊥Derivative Work
◆**日本アニメーション学会**【にほんあにめーしょんがっかい】 The Japan Society for Animation Studies、通称JSAS。1998年に設立されたアニメーションを研究する学術団体。
◆**日本アニメーション協会**【にほんあにめーしょんきょうかい】 Japan Animation Association。1978年、アニメーションの普及と振興を目的として手塚治虫を会長として発足した、日本のアニメーション創造に携わるクリエイターの団体。
◆**人形アニメーション**【にんぎょうあにめーしょん】 人形を用いたストップモーションアニメーションのこと。「パペットアニメーション」とも言う。立体的な効果を得ることが可能。㊥Puppet Animation

の

◆**ノベルティ**　本来「新しいもの」という意味であるが、メーカーが販促や宣伝用に制作する小物グッズのこと。「ノベルティグッズ」「ノベルティ商品」とも言う。㊥Novelty

◆**ノンフィクション**　虚構・フィクションではなく事実を伝える作品。ドキュメンタリー作品など。㊥Non-Fiction

は

◆**配給収入**【はいきゅうしゅうにゅう】　興行収入から映画館（興行側）の取り分を差し引いた配給会社の取り分のこと。「配収」と略す。日本では1999年まで映画の興行を配給収入でカウントしていたが、2000年以降は興行収入を採用するようになった。㊥Film Rentals

◆**配信プラットフォーム**【はいしんぷらっとふぉーむ】　動画配信サイトのこと。アニメにとっては映画、テレビ、ビデオに次ぐウィンドウになり、その動向が注目されている。特に世界最大の配信プラットフォームであるNetflixはアニメに積極的に取り組んでおり、その先行きが期待されている。㊥Streaming Platform

◆**バジェット**　予算のこと。㊥Budget

◆**バーチャルリアリティ**　Virtual Reality（VR）。仮想現実のこと。現実感がある人工の環境。ヘッドマウントディスプレイを使用した仮想現実を指すことが多い。

◆**パッケージ**　映像作品を収めた商品を指す言葉。具体的にはCDやDVDやBlu-rayなどの商品。㊥Package

◆**パッケージセールス**　主に深夜アニメのビジネスモデルにおいて、アニメの制作費回収を見込んだBlu-rayディスクなどのパッケージ販売のこと。

◆**パペットアニメ**　→人形アニメーション

◆**ハリウッド**　カリフォルニア州ロサンゼルスにある区画。アニメの映画産業

の代名詞となっている。ディズニーやワーナー・ブラザーズなどの大手映画スタジオを「ハリウッドメジャー」と呼ぶ。㊥Hollywood

◆**ハリウッドメジャー**　数あるアメリカの映画会社の中でも特に大きな影響力を持つ6社（パラマウント、ワーナー・ブラザーズ、20世紀フォックス、ユニバーサル、ウォルト・ディズニー・カンパニー、コロンビア）を指す言葉。各社激しい競争を繰り広げているが、2019年にはウォルト・ディズニー・カンパニーが20世紀フォックスを買収した。

◆**版権**【はんけん】　かつては「書物等に関する権利」という意味で用いられていた。福澤諭吉が「Copyright」を「版権」と訳したことがその由来と言われている。現在では「版権」という用語は法律用語ではないが、放送、配信、ビデオグラム化などの映像の本来的利用ではなく、キャラクター等を商品・サービスに利用するいわゆる「商品化利用」に関わる権利の意味合いが強い。

◆**版権ビジネス**【はんけんびじねす】　→キャラクタービジネス

◆**版権物**【はんけんぶつ】
①コンテンツの権利保有者から、キャラクター等の利用許諾（いわゆる版権許諾）を得ている商品・サービス。
②版権許諾を得た商品のパッケージ等に使用するために　新たに描き下ろされた画稿。

ひ

◆**ピクシレーションアニメーション**　人間をコマ撮りすることでアニメーションをつくる技法。

◆**ビジネスモデル**　事業で収益を上げるための仕組み。誰のためにどのように事業を行い、どのように利益を出していくかという事業システムのこと。1900年代末にフィルムが発明されて動く映像＝映画が生まれたが、誕生した頃のアニメーションは短編映画しかなく、興行収入から得られた収益で作品を制作するというビジネスモデルしかなかった。その後、1928年にミッキーマウスが出現して大ヒットすると、キャラクターグッズが飛ぶように売れることがわかった。商品化権のロイヤリティ収入が生まれ、キッズ・ファミリータイプのアニメーションの基本的なビジネスモデルとなったのである。それから

50年を経てビデオが誕生し、高価なビデオ商品を購買してくれることで成立するオトナアニメのビジネスモデルが確立した。そして現在は、多くの「ウィンドウ」が生まれ、それらをどのように組み立てていくのかということがアニメにおけるビジネスモデルの大きな課題となっている。㊇Business Model

◆ビデオオンデマンド　観たいときに作品を視聴できるシステム。サーバーの作品データを呼び出し、都度視聴できる仕組み。「Video On Demand」を略して「VOD」と表記する。

◆ビデオメーカー　ビデオを製造販売するメーカー。1980年代に入って急激に売上を伸ばしたレコード会社やその系列のビデオメーカーはアニメに着目し、販売だけではなく製作にまで手を伸ばすようになった。それ以降、ビデオメーカーはアニメ産業の中心となり、製作委員会の幹事会社として活躍する時代が2010年代の中盤まで続いた。しかし最近はビデオパッケージの売上減に伴い、ゲームやライブエンタテインメントなどの他分野への進出を余儀なくされるようになっている。

◆ピンスクリーンアニメ　ボードに刺さったピンの凹凸で生まれる陰影を、少しずつ変化させて、コマ撮りしたアニメーションのこと。

ふ

◆フィー　作業に対する報酬のこと。支払い。ペイメント。㊇Fee

◆フィクション　創作、作り話、虚構。ノンフィクションの反対語。㊇Fiction

◆ブルーレイディスク　DVDの後継となる第3世代の光ディスク。直径12cmの光ディスクの記憶容量はDVDの約5倍で、1層式は25GB、2層式なら50GB。読み出し専用のBD-ROM、書き換え可能なBD-REなどの規格がある。大容量のため高画質のHD映像を記録可能で、映像コンテンツのパッケージ販売に利用されている。㊇Blu-ray Disc

◆プロデューサーシステム　プロデューサーが大きな権限を持つシステム。日本はディレクターシステムだが、アメリカを始め海外ではプロデューサーシステムが主流。脚本選択と編集に主導権を持つ。

◆プロパティ　直訳すると財産権、資産。ライセンス契約においては、商品化

の対象物(キャラクターやブランドロゴなど)のこと。㊜Property

へ

◆ペイテレビ　有料テレビ。有料のケーブルテレビや衛星放送などが該当する。㊜Pay Television

ほ

◆ポートフォリオ　イラスト、スケッチ、デッサンなどの静止画作品をファイリングした作品集。映像作品やアニメーションを編集したデータ、それを記録したDVDなどは「デモリール」と呼ぶ。就職や転職活動では、履歴書や職務経歴書と共に、ポートフォリオやデモリールの提出が必須になる。㊜Portfolio

ま

◆マーケティング　モノやサービスが売れるようにする活動のこと。㊜Marketing

◆マルシーマーク(ⓒ, Copyright)　「Copyright」マーク。通称「マルシーマーク」「マルシー」と呼ばれる著作権表示。著作権の国際条約である万国著作権条約では、①「Copyright」マーク、②著作権者名、③最初の発行年、以上3つを表示することにより、かつての米国のように方式主義(著作権保護を受けるためには登録や著作権表示を要する)を採用する国でも著作物が保護されるとされていた。しかし、米国ほか世界の大半の国が、無方式主義を採用するベルヌ条約に加盟済みのため、この表示には法的な効力はない。しかし、著作権者は、権利許諾先に対しては、契約等により、著作物への「Copyright」マーク表示を義務付けるのが通常である。㊜Copyright Notice

◆漫画映画【まんがえいが】　アニメ映画のこと。アニメーションやアニメという言葉が一般的になる前の1960年代まで使われていた。

み

◆**見積もり**【みつもり】　制作費などの見積もりのこと。制作を担当するスタジオが、プロデュース、原作、脚本、シリーズ構成、監督、絵コンテ、キャラクターデザイン、メカ・小道具デザイン、作画、美術、色彩、特殊効果、設定、予備費、雑費・材料、撮影、編集、音響などの内訳をスポンサーや製作委員会などに提出する。

◆**ミニマムギャランティ**　ライセンスビジネスやビデオ化や配信などの契約時に、「利用者／ライセンシー／Licensee」が「権利者／ライセンサー／Licensor」に支払う返金不要の最低保証使用料のこと。「MG」と略される。㊥Minimum Guarantee

ら

◆**ライブエンタテインメント**　最近急速に市場を伸ばしているコンサート、演劇・ミュージカル、イベント、展示会などの実演や参加体験型の娯楽のこと。アニメではアニソンコンサート、イベント、2.5次元ミュージカル、ライブビューイング、展示会、ミュージアム、アニメカフェなどが対象となる。㊥Live Entertainment

◆**ライセンサー／ライセンシー**　ライセンサーとは、コンテンツの権利を保有する者（使用許諾者）、ライセンシーとは、一定の条件の下でライセンサーより権利を使用する許諾を受けた者（使用権者）をいう。㊥Licensor/Licensee

◆**ライセンス**　コンテンツの権利を保有する者が、一定の条件の下で他者にその権利の使用を許諾すること。前者を「ライセンサー」、後者を「ライセンシー」と言う。また、ライセンシーがさらに第三者にライセンスすることを「サブライセンス」と言う。㊥License

り

◆**リクープ**　制作費を回収すること。㊈Recoup

れ

◆**レベニューシェア**　売上や利益をあらかじめ決めておいた配分率で分け合うこと。㊈Revenue Share

ろ

◆**ロイヤリティ**　ライセンシーが、権利許諾を受けた対価としてライセンサーに対して支払う対価。多くの場合は、ライセンシーが得た収入に一定料率を乗じた印税方式で支払われる。㊈Royalty

わ

◆**ワンソースマルチユース**　1つの作品／コンテンツが、様々なメディアで展開されること。「放送」から始まるテレビアニメも、「ビデオグラム」「配信」「上映」「遊興」「ライブエンタテインメント」などさまざまな形で使われる。

欧文

◆**BSデジタル放送**　放送衛星（Broadcasting Satellite）を使用した全国規模の衛星デジタルテレビ放送のこと。
◆**CATV**　電波ではなくケーブルで映像情報を電送する有線テレビ放送のこ

と。㊥Cable Television

◆**CSデジタル放送**　通信衛星（Communications Satellite）を使用した全国規模のデジタルテレビ放送のこと。

◆**DCI**　「Digital Cinema Initiative, LLC」の略称で、ディズニー、ワーナー、ユニバーサルなど、ハリウッド大手7社で構成されているデジタルシネマの仕様を決める団体。

◆**DVD**　「Digital Versatile Disc」の略。デジタルデータの記録媒体である第2世代の光ディスク。音楽用CDと同じ大きさ（直径12cm）の光ディスクに、高密度の音声、画像、コンピューターの情報などを記録できる媒体。

◆**Flashアニメ**　Adobe Systems社のFlash（現Animate）で制作されたアニメ。2000年前後にネット上で人気を博した。現在も、テレビを始めとして、販促・特典・WEB系などでも多くのFlashアニメが制作されている。Flashのアニメ機能の特徴としては、ベクターベースで解像度を問わないことや、トゥイーンによる自動アニメ作成機能などが挙げられる。

◆**GIFアニメーション**　WEBサービスなどで簡単に作成可能な、GIFファイル形式の画像で作られたアニメーション。音声なしの数秒程度のものが多い。

◆**IP**　「Intellectual Property」の略。特許権や商標権、著作権などの知的財産のこと。

◆**JAniCA**　→一般社団法人日本アニメーター・演出協会

◆**Japanimation**　「Japan + Animation」の略。日本のアニメーションの意味であるが、Jap（日本人の蔑称）animationとも読めるため最近ではほとんど使われなくなった。

◆**JASRAC**　→一般社団法人日本音楽著作権協会

◆**MG**　→ミニマムギャランティ

◆**MMDアニメ**　フリー3DCGソフトのMikuMikuDance（ミクミクダンス）を使用したアニメ。ニコニコ動画などでブームになり、テレビアニメとしても展開されている。

◆**OVA**　「オリジナルビデオアニメーション」の略。セルビデオ用、レンタルビデオ用のためのオリジナル作品のこと。

数字

◆**3DCGアニメーション** 3DのフルCGアニメーションのこと。2Dのセルアニメーションでもメカや小物、特殊効果などで部分的に使われることが多い。